CHRISTA BERGKEMPER/CHRISTMA BOON/
MARCO HOSEMANN/CHRISTIN SPRINGER

WINTERHUDE & UHLENHORSTBUCH

JUNIUS

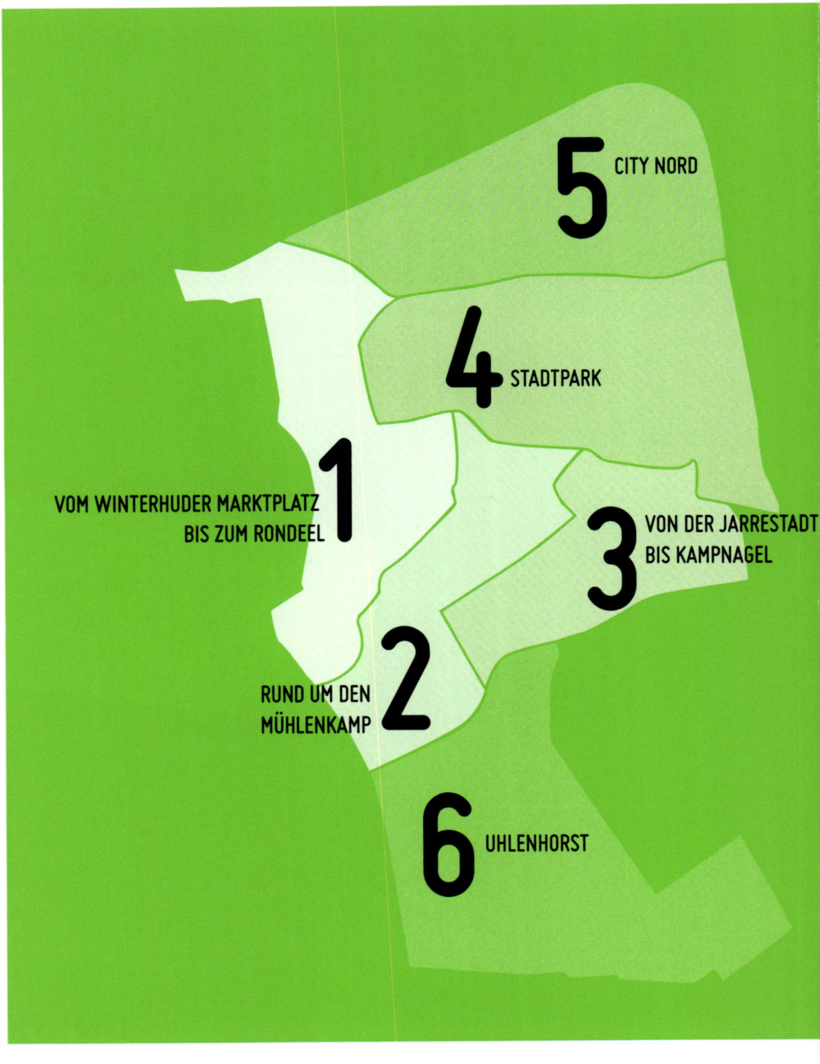

5 CITY NORD
4 STADTPARK
1 VOM WINTERHUDER MARKTPLATZ BIS ZUM RONDEEL
3 VON DER JARRESTADT BIS KAMPNAGEL
2 RUND UM DEN MÜHLENKAMP
6 UHLENHORST

INHALT

EINLEITUNG

Winterhude wie Uhlenhorst sind gleichermaßen beliebte Hamburger Stadtteile. Die Nähe zur Alster, die Kanäle, die vielen Grünflächen, der hohe Anteil an schmucken sanierten Altbauwohnungen und Rotklinkerbauten, die Mischung aus ehemaligen Arbeitervierteln und Villen in Einzellage machen sie attraktiv. Es gibt Kitas und Schulen, Einkaufsmöglichkeiten aller Art und auch eine Vielzahl an Cafés, Restaurants sowie Möglichkeiten zu kulturellen und sportlichen Aktivitäten. Kurzum, Winterhude und Uhlenhorst verfügen über viele Reize und Angebote, die das Leben hier lebenswert machen und eine nähere Erkundung lohnen. Und auch bei einem Blick auf ihre Historie zeigen sich Gemeinsamkeiten. Schon in der Steinzeit lebten Menschen in dem Gebiet des heutigen Winterhude, wie Ausgrabungsfunde belegen. Der Name weist auf einen flachen Bergungsplatz hin, an dem im Winter die Kähne an Land gezogen wurden, um sie vor Eis zu schützen. Dieser Platz lag an der Alster gegenüber der Eppendorfer Kirche St. Johannis. 1250 wird das Dorf erstmals urkundlich erwähnt.

Die erste Aufzeichnung über das Gebiet, das heute den Hamburger Stadtteil Uhlenhorst bildet, wurde nur wenige Jahre später, 1256, verfasst. Wie eine Urkunde bezeugt, überließen die Grafen Johann und Gerhard von Holstein dieses Stück Land den Hamburger Bürgern. Damals hieß die Gegend noch Papenhude, später Papenwärder, erst 1730 wurde sie erstmals als Uhlenhorst bezeichnet. Das Gelände diente den Hamburgern als Weideland. Jedoch erhoben auch die Barmbeker Bauern Anspruch auf das Areal, sodass es immer wieder zu Viehdiebstählen und handgreiflichen Auseinandersetzungen kam, bis 1744 der Staatsarchivar Nicolaus Stampeel die Besitzverhältnisse endgültig zugunsten der Stadt Hamburg klärte.

Streit um Weideland – das gab es auch in Winterhude. Ostern 1571 kam es an der Osterbek zu einer Schlacht zwischen Barmbekern und Winterhudern, bei der es Tote und Verletzte gab. Der Anlass war die Gemeinweide, die zum Teil vom Hospital zum Heiligen Geist, dem Eigentümer Barmbeks, beansprucht wurde. Die Winterhuder Bauern verteidigten das Terrain für ihre Obrigkeit, das Kloster St. Johannis (Nachfolger des 1530 zerstörten Klosters Harvestehude). In den folgenden Jahrhunderten kämpften die selbstbewussten Bauern mehrfach für den Erhalt ihrer Gemeinweide.

Winterhude ist aus einem Dorf entstanden, jedoch verfügte die Siedlung weder über einen eigenen Marktplatz noch über eine eigene Kirche. Um 1250 bestand das Dorf aus nur vier Höfen, die sich an der Südseite der heutigen Barmbeker Straße zwischen Winterhuder Marktplatz und Dorotheenstraße befanden. Im 14. Jahrhundert kamen drei Höfe hinzu, dann veränderte sich über Jahrhunderte recht wenig. Erst im 18. Jahrhundert vergrößerte sich Winterhude um fünf weitere kleine Höfe und 25 Bauernkaten. 1810 wurden in dem Dorf an der Alster immerhin schon 238 Bewohner gezählt.

Ähnlich langsam entwickelte sich Uhlenhorst. Bei hohem Was-

KARTE DES LÄNDLICHEN WINTERHUDES (1790)

serstand der Alster war Papenwärder (Uhlenhorst) regelmäßig überflutet. Weiter östlich begann die Rönnheide, eine Landschaft mit wesentlich trockenerem Geestboden. Auf den Wiesen- und Heideflächen gab es zwar vereinzelte Gehöfte, aber im Unterschied zu Winterhude keinen alten Dorfkern. Neben der Kuhmühle, dem ersten Gebäude in der Gegend, das zur Versorgung Hamburgs beitrug, befanden sich bis Ende des 17. Jahrhunderts in dem Viehweideareal zwischen Eilbek und Osterbek nur zwei größere Hofstellen: der Schürbekhof (späterer Mundshof) in der Nähe der Kuhmühle und die Uhlenhorst (niederdeutsch für Eulennest) auf der Höhe der Marienterrasse. Beide wurden auch als Immenhöfe bezeichnet, was auf ehemalige Imkereibetriebe schließen lässt. Ab 1635 diente das „Gut Uhlenhorst" als Landhaus. Als 1711 die Pest Hamburg erreichte und die Kämmerei (Finanzbehörde) den Besitz kaufte, um in der Einöde eine Quarantänestation zu errichten, nutzten die Verordneten das neu gebaute Haus samt Lustgarten zu ihrer eigenen Erbauung und der ihrer Gäste, bis 1806 die einrückenden Franzosen dem fröhlichen Landleben ein Ende bereiteten und 1813 die Uhlenhorst völlig zerstörten. Nach der Franzosenzeit (1806–1814) wurde das erneut errichtete Gut zunächst wieder verpachtet; eine unrentable Maßnahme, die den Rat zum Verkauf des ganzen Areals veranlasste. Bei einer öffentlichen Versteigerung erwarben Dr. August Abendroth, Carl Heine und Adolph Jencquel 1837 das Gebiet in der Absicht, das Gelände zwischen Alster und Winterhude baureif zu machen und an Hamburger Bürger parzellenweise zu verkaufen. Aber erst nach dem Großen Brand 1842, als die Einstellung des städtischen Mühlenbetriebs das Aufstauen der Alster überflüssig machte, wurde der Alsterspiegel um einen Meter gesenkt, sodass die Uhlenhorst erschlossen werden konnte. Um das sumpfige Wiesengelände zu entwässern, wurden zunächst Kanäle angelegt, dann Brücken und Straßen gebaut.

In Winterhude waren es Julius Gertig und Adolph Sierich, die Ackerflächen erwarben und als Baugrundstücke verkauften bzw. mit Straßen-, Brücken- und Kanalbau dafür sorgten, dass sich Menschen sowie Industriebetriebe ansiedelten. Am Aufstieg Winterhudes vom winzigen Dorf

ENDSTATION DER ALSTERDAMPFER IN WINTERHUDE

zum Stadtteil hatte auch die Berufsgruppe der Bleicher entscheidenden Anteil. Die Wäscher und Bleicher hatten sich ab Ende der 1830er Jahre in Alsternähe angesiedelt und waren die erste nichtbäuerliche Berufsgruppe in Winterhude. Zudem fanden gut betuchte Kaufleute hier ideale Plätze für ihre Landhäuser.

Der Große Brand, die Einrichtung einer seit 1859 regelmäßig verkehrenden Alsterdampferflotte sowie die Anlage eines Verbindungswegs von der Lohmühlenstraße bis zum Uhlenhorster Weg und die Aufhebung der Torsperre 1861 bescherten Winterhude und Uhlenhorst ein rapides Bevölkerungswachstum. In Winterhude und im östlichen Uhlenhorst trug zudem die Ansiedlung von Industriebetrieben, die die Schaffung von Wohnquartieren für die Arbeiter in ihrer unmittelbaren Nachbarschaft nach sich zog, erheblich zu dieser Entwicklung bei. 1867 lebten nur 1331 Menschen in Winterhude, bis 1900 stieg die Zahl auf 14 271. Der rasante

Anstieg ging unaufhaltsam fort: 1920 wurden schon 44 722 Einwohner gezählt. Auch in Uhlenhorst stiegen die Einwohnerzahlen zwischen 1867 und 1910 „mit einer nur dem amerikanischen Städtewachstum vergleichbaren Geschwindigkeit“ (Axel Braun) von 3600 auf über 41 000 an, sodass Uhlenhorst und Winterhude 1874 zunächst selbstständige Vororte und 1894 Stadtteile von Hamburg wurden. Heute zählt Winterhude gute 51 000 und Uhlenhorst etwa 16 500 Einwohner, wobei der Bevölkerungsrückgang des Stadtteils unter anderem auf Gebietsreformen zurückzuführen ist.

Rauchende Schornsteine sind heute weder in Winterhude noch in Uhlenhorst zu finden, dafür aber der größte und wichtigste Bürostandort Hamburgs mit über 300 Unternehmen und rund 30 000 Beschäftigten. Die noch bestehenden ehemaligen Fabrikgebäude wurden teils zu beliebten Kulturzentren umfunktioniert, die Häuser in Nähe der Kanäle sind mittlerweile begehrte und teure Wohnobjekte. Auch wenn seit einigen Jahren vermehrt der Eindruck entsteht, dass jeder freie Flecken bebaut wird, sind beide Stadtteile auch für ihre Grünzonen bekannt. Leider lässt sich für Winterhude und Uhlenhorst seit geraumer Zeit ein extremer Mietenanstieg beobachten, der zu einer zunehmenden Gentrifizierung beiträgt.

Dieses Buch will dazu einladen, die beiden Stadtteile genauer zu erkunden. Fünf Spaziergänge führen durch Winterhude, einer durch Uhlenhorst. Der erste Rundgang thematisiert die Entwicklung vom Dorf zum lebendigen Stadtviertel und wandelt auf den Spuren der Bleicher und Adolph Sierichs. Der zweite Spaziergang widmet sich dem Wirken Julius Gertigs und dessen Bedeutung für die Entwicklung des Quartiers rund um den Mühlenkamp. Die dritte Tour legt ihren Schwerpunkt auf das in den 1920er Jahren größte soziale Wohnungsbauprojekt der Hansestadt – die Jarrestadt – und die Geschichte des Kulturzentrums Kampnagel. Der vierte Spaziergang erkundet den Stadtpark auf historischen Spuren. Der letzte Winterhude-Rundgang widmet sich sodann der City Nord, der Bürostadt, die ab den 1960er Jahren auf einem Areal nördlich des Stadtparks entwickelt wurde. Und der sechste Spaziergang schließlich führt durch den idyllischen Stadtteil Uhlenhorst, wo eine Kulturmeile, die Villengegend an der Alster und ein Kanalviertel lohnenswerte Ziele sind.

Am Anfang des Buches verschafft eine kurze Chronik einen ersten Einblick in die Geschichte beider Stadtviertel. Spezielle Stadtteilthemen werden in Exkursen vertieft. Jeder Spaziergang schließt mit einer Auswahl an Cafés, Restaurants, Biergärten, aber auch Läden, kulturellen, sportlichen und sozialen Angeboten.

CHRONIK

1250	Erste urkundliche Erwähnung von Winterhude
1256	Das heutige Gebiet der Uhlenhorst wird zum ersten Mal urkundlich erwähnt.
1365	Das Dorf Winterhude gelangt in den Besitz des Nonnenklosters Herwardeshude (Harvestehude).
1571	Schlacht an der Osterbek zwischen Winterhudern und Barmbekern um die Winterhuder Gemeinweide
1744	Entlang der heutigen Bachstraße wird ein Grenzgraben zu Barmbek gezogen.
1768–1831	Erneute gewaltsame Auseinandersetzungen um die Gemeinweide. Die Winterhuder Bauern wehren sich erfolgreich gegen den drohenden Verkauf durch die Klosteroberen.
1810	Winterhude hat 238 Einwohner.
1830	Winterhude wird der Landherrenschaft der Geestlande unterstellt und gehört nun zu Hamburg. Einige Jahre später siedeln sich die ersten Bleicher im Dorf an.
1837	Das Uhlenhorster Gebiet wird öffentlich versteigert. Das Konsortium um Dr. August Abendroth erhält den Zuschlag und beginnt mit der Erschließung.
1841	Einweihung der ersten festen Fahrbrücke über die Alster als Verbindung zwischen Eppendorf und Winterhude
1846	An der Averhoffstraße wird die erste Schule auf der Uhlenhorst eröffnet.

1852	Die Straße „An der schönen Aussicht“ wird als Verbindungsweg zur Vorstadt St. Georg angelegt.
1856	Die erste Pferdebuslinie verkehrt zwischen Rathausmarkt und Uhlenhorst.
1857	Julius Gertig kauft das Ausflugslokal „Mühlenkamp“ am Mühlenkamp.
1858	Hamburgs Waisenkinder beziehen das neue Haus in der Averhoffstraße. Die Uhlenhorst hat 642 Einwohner.
1859	Einrichtung der Alsterdampflinie zum Mühlenkamp
1860ER JAHRE	Kanalisierung der Gold- und Osterbek
1864	Adolph Sierich erwirbt die Nachtweide, das sumpfige Alstervorland.
1867	Winterhude hat 1331 Einwohner. Gründe für den Zuwachs sind der Anstieg der Mieten in der Stadt, der Große Brand von 1842 und die Aufhebung der Torsperre 1860.
1869	In der Gertigstraße entsteht das erste Etagenhaus.
1871	Nach Fertigstellung der Mundsburger Brücke können die bisher spärlich besiedelten Gebiete nördlich des Mundsburger Kanals gut erschlossen werden.
1872	Erstmals übt ein Bleicher (Christian W. E. Pfingsten) das Amt des Vogtes aus.
1872/73	Das alte Uhlenhorster Fährhaus wird abgerissen und durch einen repräsentativen Neubau ersetzt.
1874	Winterhude und Uhlenhorst werden zu Vororten von Hamburg. Winterhude hat 1911 Einwohner und Uhlenhorst 6500.
1875	Die ersten Gebäude des Eisenwerks „Nagel & Kaemp“ (ab 1934 „Kampnagel“) werden am Osterbekkanal errichtet.
1885	Weihfeier der St.-Gertrud-Kirche auf der Uhlenhorst
1891	„Nagel & Kaemp“ entwickelt den ersten elektrischen Kran der Welt.
1894	Winterhude und Uhlenhorst werden Stadtteile von Ham-

burg. Winterhude hat jetzt 10 830 Einwohner.

1895 Die elektrische Straßenbahn fährt nach Winterhude und zur Uhlenhorst, die nun 28 327 Einwohner hat.

1902 Die Stadt erwirbt das Sierichsche Gehölz, ein Gelände zwischen Winterhude und Barmbek, das die Keimzelle des Stadtparks ist.

1912 Eröffnung der Ringlinie und damit Anschluss von Winterhude und Uhlenhorst an die Hoch- und Untergrundbahn Rund um den Mühlenkamp hat sich ein Wohnquartier für Arbeiter entwickelt.

1913 Die Kunstgewerbeschule bezieht den Neubau am Lerchenfeld.

1914 Einweihung des Stadtparks und der Gelehrtenschule des Johanneums

1919 Die größtenteils landwirtschaftlich genutzten Flächen nördlich des Stadtparks werden zunehmend von Kleingärtnern besiedelt.

1920 Winterhude hat 44 722 Einwohner, Uhlenhorst etwa 43 000.

1922–1931 Zwischen Ohlsdorfer Straße und Braamkamp entstehen sechs große Altenwohnstifte.

1929 Fertigstellung der Jarrestadt

1930 Einweihung der Reformschule Meerweinschule

1935 Das Waisenhaus wird aufgelöst und als Altenheim eingerichtet.

1938 Uhlenhorsts Stadtteilgrenzen zu Hohenfelde und Barmbek werden verschoben.

1943 Das Gelände nördlich des Stadtparks wird zusätzlich mit Behelfsheimen für die ausgebombten Hamburger bebaut.

1946 Die Bevölkerung Winterhudes steigt auf 154 806 Einwohner, da das Stadtviertel weitestgehend von Bombenangriffen verschont geblieben ist und die Menschen hier Zuflucht suchen.

1952 Das kriegszerstörte Uhlenhorster Fährhaus wird abgerissen.

1959 Ein neuer Aufbauplan, der die bauliche Umgestaltung Hamburgs vorsieht, wird vom Senat beschlossen. Dieser weist nördlich des Stadtparks ein Geschäftsgebiet für Kontorhäuser aus.

1964 Das „Ernst-Deutsch-Theater" zieht unter dem Gründungsnamen „Das junge Theater" an die Mundsburg.

1966 Die Claudius Peters AG bezieht das erste fertiggestellte Gebäude in der City Nord.

1969 Fertigstellung der iranisch-schiitischen Moschee an der Schönen Aussicht

1981 Das Kulturzentrum „Goldbekhaus" wird eröffnet.

SEIT 1982 Kulturelle Nutzung der „Kampnagel"-Hallen

1989 „Kampnagel" wird eine städtische GmbH. Das Literaturhaus wird eröffnet.

1991 Das vorerst letzte Gebäude in der City Nord wird fertiggestellt und von der Hewlett Packard GmbH (HP) bezogen.

2000 Das Denkmalschutzamt stuft acht Gebäude sowie die zentrale Grünanlage in der City Nord als schutzwürdig ein.

2010 Der „Klipper THC Hamburg" verkauft die historische Sportanlage auf der Uhlenhorst an die Aspria Holdings BV.

2013 Die City Nord wird mit Inkrafttreten des neuen Denkmalschutzgesetzes als Ensemble unter Schutz gestellt.
Einweihung der Heinz-Gärtner-Brücke über den Osterbekkanal

2014 Der 100. Geburtstag des Stadtparks wird mit zahlreichen Events gefeiert.
Die ehemalige Unternehmenszentrale der Benzin und Petroleum AG (BP) wird trotz Denkmalschutz abgerissen.
Auf dem freigewordenen Areal entstehen ein Hotel und ein neues Verwaltungsgebäude.
Winterhude hat 51 549 Einwohner, Uhlenhorst 16 667.

VOM WINTERHUDER MARKTPLATZ BIS ZUM RONDEEL

1

Winterhuder Marktplatz * Georg-Buchecker-Stift * Ulmenstraße * Haus „Roman“ * Johanneum * Sierichstraße * Villen am Rondeelteich

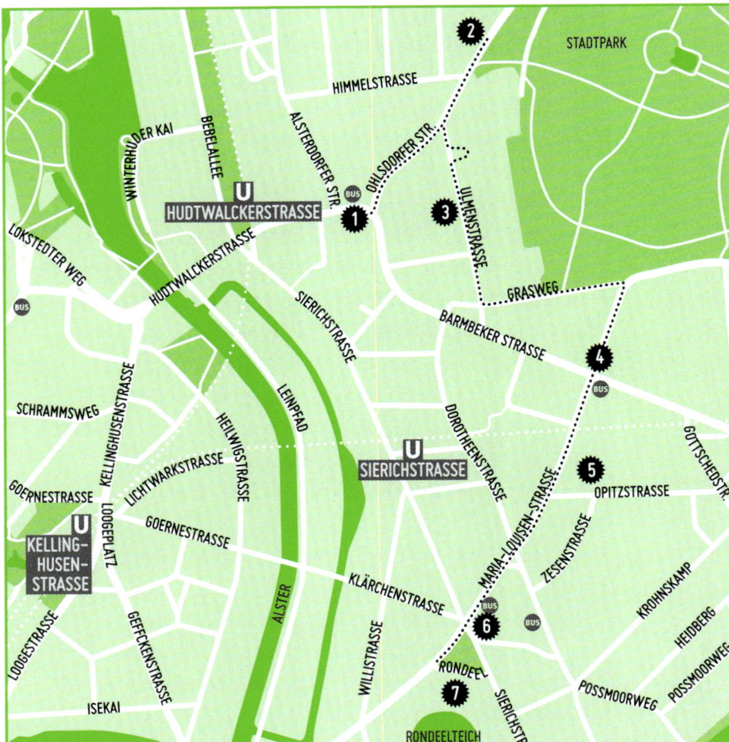

STARTPUNKT: Winterhuder Marktplatz (Buslinien 20, 25, 109, U-Bahn-Station Hudtwalckerstraße / U1)
ENDPUNKT: Rondeel (Haltestelle Maria-Louisen-Straße / Buslinie 109)
DAUER: etwa zwei Stunden

Der erste Spaziergang durch Winterhude will einen Einblick in die lebendige Entwicklungsgeschichte Winterhudes vom Dorf zum vielseitigen Stadtviertel vermitteln. Er beginnt beim ehemaligen Dorfkern, dem heutigen Winterhuder Marktplatz. Dass dieser Flecken zu Anfang des 19. Jahrhunderts noch ein verschlafenes Dorf vor den Toren Hamburgs mit wenigen Einwohnern war, kann man sich heute kaum mehr vorstellen. Dort, wo früher die Bauernhäuser und Katen standen, säumen heute Geschäfte und Restaurants den Platz. Und wo bis 1977 die Straßenbahnen fuhren, passieren heute täglich mehrere Zehntausend Autos den wichtigen Verkehrsknotenpunkt nördlich der Außenalster (Abb. 1+2).

Nach einem Abstecher in die Geschichte der Stiftsbauten geht es auf dieser Tour in die Ulmenstraße, die Straße der Bleicher. Ab Ende der 1830er Jahre siedelten sich die ersten Wäscher und Bleicher in Winterhude an. Sie waren die erste nichtbäuerliche Berufsgruppe im Dorf und trugen

1+2 REETGEDECKTES BAUERNHAUS AM EPPENDORFER STIEG (UM 1900) UND STRASSENBAHN AM WINTERHUDER MARKTPLATZ (1906)

entscheidend zu seiner Veränderung bei. Der Rundgang führt weiter über das Haus Roman zur eindrucksvollen Gelehrtenschule des Johanneums bis zu den noblen Villen am Rondeel. Entscheidend für den Aufstieg Winterhudes vom Dorf zum Stadtviertel waren nicht nur die Bleicher, sondern neben Julius Gertig insbesondere Adolph Sierich, der Großgrundbesitzer, der Straßen und Kanalisation anlegen ließ und im Westen Winterhudes den Grundstein für das Villenviertel legte.

1 WINTERHUDER MARKTPLATZ

Der Winterhuder Marktplatz wird erst seit der Neugestaltung der Fläche im Jahr 1987 als Marktplatz genutzt: Dreimal pro Woche bieten Händler Obst, Gemüse, Fisch, Blumen und vieles mehr zum Verkauf an.

Auf der Südseite des Marktplatzes sticht der lang gestreckte Wohnhauskomplex des Architekten Johannes C. Hansen aus dem Jahr 1929 ins Auge (Winterhuder Marktplatz 1–2, Hudtwalckerstraße 24–30, Abb. 3). Mit diesem gewaltigen Gebäude entwickelte sich das Quartier rund um den Winterhuder Marktplatz endgültig zum Großstadtviertel. Das Wohnhaus weist ein für seine Entstehungszeit typisches Merkmal des Neuen Bauens auf: die Betonung der Horizontalen, die hier durch die weißen Sprossenfenster und Bänder erreicht wird. Zugleich ist der fünfgeschossige Klinkerbau auch ein markantes Beispiel der expressionistischen Architektur. In der Mitte des Hauses markiert ein turmartiger Teil, aus dem spitze Erker herausragen, einen Torweg. In diesem Bereich ist das Gebäude um ein Geschoss höher und fällt durch einen zickzackförmig geführten Gesimsabschluss auf. Die Durchfahrt ist mit keramischen Figuren und einer Tafelinschrift in einer für die 1920er Jahre typischen Typografie geschmückt. Über die Hudtwalckertwiete gelangt man zu den hinteren Gebäudeflügeln, die in den 1930er Jahren entstanden. Mit jedem Schritt in die Twiete hinein verringert sich der Lärm der verkehrsreichen Hudtwalckerstraße, bis die kleine Straße – auch aufgrund des alten Baumbestands – schließlich wie eine kleine Oase erscheint.

3+4 WOHNHAUSKOMPLEX VON J. C. HANSEN UND WOHNGESCHÄFTSHÄUSER VON F. HÖGER UND H. ESSELMANN & M. GERNTKE

Die Ostseite des Winterhuder Marktplatzes wird ebenfalls durch massive Backsteinbauten markiert. Besonders auffallend ist der von dem Architekten Fritz Höger geschaffene Siedlungsbau an der Ohlsdorfer Straße 2–6 aus dem Jahr 1928 (Abb. 4). Bauherren waren die Gebrüder Dransfeld, die zu den bedeutendsten Architekturfotografen Hamburgs zählten. Der Höger-Bau zeigt an der Nordseite, welche Möglichkeiten Backstein bietet, eine Fassade dekorativ zu gestalten.

Höger, der auch das Chilehaus schuf, hatte eine Vorliebe für Türme. Es heißt, er sei in seinem Bestreben, Türme zu bauen, vom Oberbaudirektor Fritz Schumacher gehindert worden. Bei diesem Gebäude konnte er sich aber offensichtlich durchsetzen. Die Architekten Dieter Patschan und Bernhard Winking schufen mit dem 1989 eröffneten Gebäudekomplex „Winterhuder Forum" einen Gegenpol zu dem 32 Meter hohen Höger-Turm. Die glasüberdachte Markthalle bietet Platz für diverse Geschäfte sowie die Winterhuder Bücherhalle. In dem Gebäude sind außerdem Arztpraxen und Wohnungen untergebracht.

Die Klinkerbauten am Winterhuder Marktplatz stehen im Kontrast zu den Bleicherhäusern in der Ulmenstraße, die wir auf unserem Rundweg noch besuchen werden. Doch zunächst geht es die Ohlsdorfer Straße hinauf zum Georg-Buchecker-Stift. Auf dem Weg dorthin können wir einen ersten Blick auf die beschaulichen kleinen Bleicherhäuser werfen (zum Beispiel Ohlsdorfer Straße Nr. 32 und 37).

WOHNUNGSNOT UND BACKSTEINBAUTEN

Nach dem Ersten Weltkrieg herrschte ein großer Mangel an Kleinwohnungen. Für Hamburg wurde 1925 ein Bedarf von etwa 24 000 Wohnungen errechnet, obwohl seit 1919 schon 13 000 Wohnungen gebaut worden waren. Die Gründe für den erhöhten Bedarf lagen vor allem im Ruhen der Bautätigkeit während des Krieges und dem weiteren Zuzug von Menschen aus den ländlichen Gebieten. So entstanden in den 1920er Jahren zahlreiche neue Wohnblocks, zumeist in Backstein, dem bevorzugten Baumaterial des Oberbaudirektors Fritz Schumacher (1869–1947).

In der Zeit zwischen 1873 und 1914 waren aufgrund verschiedener Baugesetze die sogenannten Schlitzbauten entstanden, die den Baugrund maximal ausnutzten, was zu Lichthöfen von nur einem Meter Breite führte. Nun erfolgte eine Abkehr von diesem Bautyp. Die Vorteile der neuen Bauweise waren beispielsweise eine Querlüftung der Wohnungen aufgrund der geringeren Gebäudetiefe und eine bessere Belichtung der einzelnen Zimmer. Obwohl Wohnungsnot herrschte und möglichst viele Wohnungen in kurzer Zeit errichtet werden mussten, fallen die Backsteinhäuser, abgesehen von den Gebäuden, die von den extremsten Vertretern des Neuen Bauens errichtet wurden, zumeist durch ihre anspruchsvolle Fassadengestaltung auf, so auch die Gebäudekomplexe am Winterhuder Marktplatz. Die reiche Farbskala der Backsteine und Klinker sowie die unterschiedliche Anordnung der Steine ermöglichen einen außerordentlichen Gestaltungsreichtum. Durch Farbwechsel und unterschiedliche Mauerung lassen sich Konturen in der Fassade erzeugen. Bei vielen Häusern wurde die repräsentative Vorderseite mit Backstein gestaltet, während die Rückseite des Hauses verputzt war. Auch das Fenster hatte als architektonisches

Element bei vielen Baumeistern einen hohen Stellenwert. Die Sprossenfenster bewirken, dass Backstein- und Fensterfläche als Einheit erscheinen. Leider sind im Rahmen der geforderten Energieeinsparungen viele Backsteinfassaden inzwischen hinter einer „Thermohaut" verschwunden und die Sprossenfenster durch einfache Isolierglasfenster ersetzt worden. Zwar hat aufgrund der jahrelangen Diskussionen längst ein Umdenken eingesetzt, jedoch sieht man den wärmegedämmten Häusern den Eingriff trotz aller Bemühungen um die Erhaltung der historischen Fassade an. Der ursprüngliche Charme der Häuser geht durch die Wärmedämmung unwiederbringlich verloren.

2 GEORG-BUCHECKER-STIFT, OHLSDORFER STRASSE 51–55

Nach dem Ersten Weltkrieg herrschte in Hamburg eine extreme Wohnungsnot, von der insbesondere Arbeiter und Angestellte betroffen waren. Außerdem litten vor allem ältere Menschen unter dem Verlust ihres durch Krieg und Inflation verloren gegangenen Geldvermögens, das oftmals zur Alterssicherung diente. Viele konnten ihren Lebensstandard nicht aufrechterhalten. Vor diesem Hintergrund entstanden in den Jahren 1922 bis 1931 zwischen Ohlsdorfer Straße und Braamkamp sechs große Altenwohnstifte (Abb. 6). Das eindrucksvollste Gebäude ist das Georg-Buchecker-Stift, das von dem Architekten Carl Bruncke in den Jahren 1922/23 im Heimatstil, einer Form des Traditionalismus, erbaut wurde (Abb. 7). Dieser Stil hatte sich in Hamburg schon vor dem Ersten Weltkrieg durchgesetzt. Er griff die heimische Bauweise, die vor Klassizismus und Historismus die Hamburger Architektur bestimmt hatte, wieder auf. Das Backsteingebäude des Georg-Buchecker-Stifts mit seinem behäbigen Walmdach, den kleinteili-

5 RUNDBOGIGE EINGANGSTÜR BUCHECKER-STIFT

6 ALTENWOHNSTIFTE ZWISCHEN OHLSDORFER STRASSE UND BRAAMKAMP

gen Sprossenfenstern, den Erkern und rundbogigen Türen (Abb. 5) sowie den Schmuckelementen aus Spätbarock und Klassizismus ist ein beeindruckendes Beispiel dieses Baustils, der seine Hauptphase zwischen 1924 und 1926 hatte und sich nur bis 1930 halten konnte.

Zwar wurden Stiftsbauten von Privatpersonen in Auftrag gegeben, standen aufgrund ihrer Bestimmung aber im Licht des öffentlichen Interesses. Sie mussten daher auch repräsentativen Ansprüchen genügen, was sich insbesondere in der Fassadengestaltung zeigt. Auch dass die Stiftsbauten von hochqualifizierten und anerkannten Hamburger Architekten erbaut wurden, unterstreicht ihre Bedeutung.

Das lang gestreckte Georg-Buchecker-Stiftsgebäude mit seinem gepflegten Garten hat den Charakter eines Landhauses. Es war als sozialer Wohnungsbau gedacht, die Stiftswohnungen wurden „mietfrei an unverschuldet in Not Geratene auf Lebenszeit“ abgegeben. Jedoch musste

7 BACKSTEINGEBÄUDE DES BUCHECKER-STIFTS IM HEIMATSTIL

eine einmalige Zahlung von eintausend Reichsmark geleistet werden. Ein gewisser finanzieller Rückhalt war also erforderlich, um sich eine Stiftswohnung leisten zu können.

In den benachbarten Wohnstiftungen und Wohnblöcken sind alle Strömungen der Architektur der Entstehungszeit vertreten: Traditionalismus, Expressionismus und Neues Bauen. Trotz unterschiedlicher Gestaltung bieten sie aufgrund der Verwendung von Backstein ein einheitliches Erscheinungsbild.

Wir gehen nun die Ohlsdorfer Straße zurück und biegen in die Ulmenstraße ein.

DAS STIFTUNGSWESEN

Das Stiftungswesen hat in Hamburg eine bis ins Mittelalter zurückreichende Tradition. Wohnstiftungen wurden von vermögenden Stiftern errichtet, um für ältere, bedürftige Personen günstigen Wohnraum zu schaffen. Nach der Reformation verstärkte sich die Stiftungstätigkeit auf diesem Gebiet. Sie entsprach dem protestantischen Ethos der tätigen Nächstenliebe, und gleichzeitig konnte der Stifter ein öffentliches Zeugnis seiner Gottgefälligkeit ablegen.

In der zweiten Hälfte des 19. Jahrhunderts gab es in Hamburg einen regelrechten Bauboom von Wohnstiftungen. Die Gründe für die rege Bautätigkeit liegen in der Industrialisierung und den damit verbundenen sozialen Veränderungen der Gesellschaft. Bei Arbeitsunfähigkeit oder dem Tod des Haupternährers der Familie konnte die Finanzierbarkeit der Wohnungsmiete schnell über das soziale Schicksal entscheiden. Es ging also darum, Handwerker, Arbeiter, kleinere Kaufleute und den niederen Beamtenstand vor der Verarmung zu bewahren. Die Aufnahme in eine Wohnstiftung war zumeist gekoppelt an die Zugehörigkeit zu einer bestimmten Berufsgruppe oder Konfession. Viele Wohnstifte richteten ihr Angebot an Witwen, deren verstorbene Ehemänner einer bestimmten Berufsgruppe angehört hatten.

Der Kunsthistoriker Michael Eissenhauer, der über einhundert Hamburger Wohnstiftsgebäude aus den Jahren 1825 bis 1914 untersucht hat, sieht in dem Bau von Wohnstiftungen den Versuch des Großbürgertums, „weniger erfolgreiche oder von Schicksalsschlägen getroffene Angehörige des sich ausdifferenzierenden Bürgertums als ‚soziale Pufferschicht' zwischen Proletariat und Großbürgertum zu bewahren".

3 ULMENSTRASSE

Die von Bäumen gesäumte Ulmenstraße ist die erste planmäßig entworfene Straße Winterhudes. Der Bestand an Bleicherhäusern aus dem 19.

8+9 SIEDLUNGSBAU VON 1929, ULMENSTRASSE 7, ECKE BUCHENSTRASSE, UND EHEMALIGER PFERDESTALL, ULMENSTRASSE 40

Jahrhundert sowie gründerzeitlichen Etagenhäusern und Siedlungsbauten aus den 1920er und 1930er Jahren dokumentiert anschaulich die städtebauliche Entwicklung vom Dorf zum Großstadtquartier (Abb. 8).

Bevor wir zu den historischen Bleicherhäusern kommen, den ältesten Gebäuden Winterhudes, geht es zunächst zu einem Etagenhaus. Das Gebäude an der Ulmenstraße Nr. 38/40 wurde 1905 nach Plänen des Architekten Ernst Friedheim als zweigeschossiges Wohn- und Geschäftshaus errichtet und 1933 auf drei Geschosse erweitert. Im Erdgeschoss war das Serum-Laboratorium Ruete-Enoch angesiedelt, das Impfstoffe herstellte.

Wir betreten den Innenhof durch die Hofdurchfahrt. Das Gebäude, das heute von einem Architekturbüro genutzt wird, diente Ruete-Enoch als Pferdestall (Abb. 9). In diesem Stall waren Pferde untergebracht, die gezielt mit Krankheitserregern infiziert wurden. Nachdem die Tiere Antikörper produziert hatten, konnten die Impfstoffe gewonnen werden.

Wir folgen dem Weg weiter über den Hof nach rechts zurück zur Ulmenstraße. Im rückwärtigen Bereich der Ulmenstraße ist die ursprüngliche Parzellierung noch gut zu erkennen. Die lang gestreckten Grundstücke eigneten sich hervorragend zum Ausbreiten und Bleichen der Wäsche (Abb. 10).

10+11 MAX LIEBERMANN, DIE RASENBLEICHE (1883), UND TRAUFSTÄNDIGES BLEICHERHAUS VON 1861/62, ULMENSTRASSE 25/27

Die ersten Weißwäscher siedelten sich in den 1830er Jahren in Winterhude an. Viele von ihnen waren aus Hamburg in das dörfliche Winterhude gezogen, da die Hansestadt ihre Flächen zur Erweiterung der städtischen Siedlungsbereiche beanspruchte. Straßennamen wie „Große Bleichen“, wo sie ihre Tätigkeit vormals verrichteten, zeugen noch heute davon. Die Bleicher fanden in dem Dorf an der Alster ideale Bedingungen vor: große Wiesenflächen und gute Wasserqualität. Zudem hatte ihre wohlhabende Kundschaft nicht weit entfernt in Eppendorf, Uhlenhorst und Harvestehude ihre Landhäuser errichtet, wohin die reine Wäsche per Karre oder Kutsche transportiert wurde.

Julius Gertig, der Lotteriekollekteur und erfolgreiche Bodenspekulant, kaufte 1857 Ackerflächen an der neu entstandenen Ulmenstraße. Er parzellierte das Land und verkaufte die Flächen als Bauplätze u.a. an Bleicher, von denen einige schon vermögend nach Winterhude gekommen waren. Die meisten Bleicher begannen jedoch als kleiner Familienbetrieb ohne oder mit wenig Gesinde. Neben dem Wohnhaus gab es nur das Waschhaus und allenfalls einen kleinen Stall als Nebengebäude. Mit dem Aufstieg des Bleichergewerbes veränderten sich die Wohn- und Nebengebäude in Größe und Ausstattung, und die Anzahl der Plätterinnen und Bleicherknechte nahm zu. Zudem brachte es die technische Entwicklung mit sich,

12+13 GIEBELSTÄNDIGES WIRTSCHAFTSGEBÄUDE, ULMENSTRASSE 31, UND WOHNTERRASSEN, ULMENSTRASSE 33/35

dass die beschwerliche Handarbeit zunehmend durch Maschinen unterstützt oder ersetzt wurde. Anfänglich wurden diese Maschinen noch von Pferden angetrieben, für die wiederum Ställe errichtet werden mussten. Insgesamt jedoch haben in der Ulmenstraße nur wenige der Wirtschaftsgebäude den Lauf der Zeit überdauert. Zu erkennen sind sie daran, dass sie im Gegensatz zu den traufständigen Wohnhäusern der Bleicher (Abb. 11) giebelständig errichtet sind, wie beispielsweise das Gebäude Nr. 24a aus dem Jahr 1864 sowie der ehemalige Werkstattbau Nr. 31 (Abb. 12).

Eine architektonische Besonderheit in der Ulmenstraße ist das Ensemble Nr. 33/35. Der Bleicher August Ludwig Schloote ließ vermutlich in den 1860er Jahren rechtwinklig zu dem an der Straße liegenden traufständigen Vorderhaus zwei Reihen von kleinen Hinterhäusern bauen (Abb. 13). Bei der inneren Bebauung von Häuserblocks mit kleinen Gebäuden spricht man von Wohnterrassen. In Hamburg zählen diese Gebäude neben den Falkenried-Terrassen in Eppendorf zu den ältesten noch erhaltenen Terrassenbauten. Zumeist ging es den Bauherren bei dieser Art der Bebauung um die maximale Ausnutzung des Grundstücks. Schloote vermietete die eingeschossigen Putzbauten an Berufskollegen. Die mit einem Zwerchhaus im Satteldach ausgestatteten Häuser fallen durch die für die Bleicherhäuser typische sparsame Fassadengestaltung auf.

14+15 FACHWERKHAUS, ULMENSTRASSE 11 (VON 1856) UND VOGTHAUS, ULMENSTRASSE 8

Eine weitere architektonische Besonderheit in der Ulmenstraße ist das Fachwerkhaus Nr. 11 an der Ecke zur Buchenstraße (Abb. 14). Bauherr und Architekt war der Zimmermann Claes Hinrich Ellerbrock, der das Gebäude 1856 für den eigenen Bedarf errichtete. Das eingeschossige Fachwerkhaus mit dem dunklen Holz und den weiß gestrichenen Ziegelgefachen ist das einzige seiner Art und zudem das älteste Gebäude der Ulmenstraße. 1874 verkaufte Ellerbrock es an J. C. Kalckbrenner, der in den zur Buchenstraße gelegenen Nebengebäuden eine Destille errichtete. Die Destillation und Weinhandlung hatte über einhundert Jahre Bestand. Jetzt befindet sich in dem schmucken Fachwerkhaus ein Geschäft für Inneneinrichtung.

Die Ulmenstraße war das bevorzugte Siedlungsgebiet der Bleicher, jedoch ließen sich auch andere Handwerker und kleinere Gewerbetreibende hier nieder. Neben Zimmerleuten und Maurern gab es einen Bäcker und einen Gewürzkrämer. So war auch für das leibliche Wohl der Bewohner gesorgt. Im April 1860 erhielt der Bäcker Thiem als erster Bäcker Winterhudes offiziell die Genehmigung zum Betreiben seines Backofens. Nach endlosen Anträgen bekam er zudem eine Schankkonzession. Die Vermietung seiner Kegelbahn blieb ihm aber verwehrt.

Bei dem Gebäude Nr. 8 handelt es sich um das sogenannte Vogthaus (Abb. 15). Es wurde 1857 von dem Bleicher Christian W. E. Pfingsten erbaut. Pfingsten wurde 1872 in das Amt des Vogts gewählt. Seine Aufgabe war es, für die Einhaltung der Ordnung im Dorf zu sorgen und die Bevölkerung gegenüber der Landherrenschaft zu vertreten. Dass erstmalig ein Bleicher dieses Amt ausübte, zeigt den rasanten sozialen Aufstieg dieser Berufsgruppe in Winterhude innerhalb weniger Jahrzehnte. Zuvor hatte stets ein Vollhufner – ein Bauer, der über eigene Ackerflächen und Wiesen verfügte – die Funktion des Vogtes innegehabt und die Obrigkeit im Dorf vertreten. Auch hatten sich die einheimischen Vollhufner gegenüber den zugezogenen Bleichern sehr distanziert und standesbewusst gezeigt. Keiner der Bauernsöhne ergriff den Beruf des Bleichers. Zudem kam es höchst selten zu Vermietungen an die Bleicher. Heute würde man wohl von Parallelgesellschaften sprechen.

Nach seinem sozialen Aufstieg zum Vogt ließ Pfingsten sein Haus 1874 großzügig umbauen und um das erste Obergeschoss erweitern, sodass es nun den Charakter einer kleinen Landhausvilla erhielt. Zudem wurde das Haus mit Ornamenten im Holzwerk geschmückt. Der Austritt im Obergeschoss mit dem schmiedeeisernen Ziergitter wurde bei Umbauarbeiten im Jahr 1897 eingefügt. Das neue Selbstbewusstsein der Bleicher dokumentiert sich auch in dem von der Familie Pfingsten 1901 errichteten Etagenhaus in der Ulmenstraße Nr. 6. Hier verewigte sich der Bauherr mit seinem Wappen und seinen Initialen „WP" – für Wilhelm Pfingsten – am Giebel (Abb. 16). Der soziale Aufstieg hatte für den Bleicher Pfingsten aber auch negative Auswirkungen, denn nach zehn Jahren trat er von seinem Amt zurück, weil ihm seine wohlstandsbedingte Korpulenz zu schaffen machte.

16 INITIALEN AM GEBÄUDE ULMENSTRASSE 6

Wir gehen die Ulmenstraße weiter entlang bis zum Grasweg. Hier, an der Ecke zur Barmbeker Straße, gegenüber dem Eppendorfer

17 GRÜNANLAGE BEIM GRASWEG/ECKE ULMENSTRASSE (1901)

Stieg, befand sich die sogenannte Schlammkiste, die als Desinfektionsanlage diente. Geschaffen wurde sie, da die Bleicher nicht nur für reine Wäsche, sondern auch für ein gewaltiges Umweltproblem verantwortlich waren.

Die Winterhuder Bleicher wohnten und arbeiteten auf einem Geesthang. Da die bestehenden Schwindgruben die Wassermassen nicht fassen konnten, bahnte sich die übel riechende Seifenlauge ihren Weg die Straßen hinunter Richtung Alster. Die Lösung des Problems war schließlich die Anlage dieser Schlammkiste, in die die Bleicher ihre Abwässer nun durch Rinnsteine oder Tonröhren leiteten. Die Winterhuder profitierten ebenso wie die Behörde von der Anlage, denn diese verkaufte die Rückstände (Chlorkalk) als Kunstdünger. Die Stadt erwarb die Fläche am Grasweg/Ecke Ulmenstraße im Jahr 1898 und ließ sie zu einer kleinen Grünanlage gestalten, die zum Teil noch heute besteht (Abb. 17).

Unser Rundgang führt nun den Grasweg hinauf bis zur Maria-Louisen-Straße. Links erstreckt sich der Stadtpark (vgl. Stadtpark-Rundgang).

Am Grasweg Nr. 72 befindet sich die Heinrich-Hertz-Schule, eine Stadtteilschule mit Gymnasium. Das Bauwerk ist einer von vielen Schulbauten, die von Fritz Schumacher entworfen wurden. 1925 wurde der Unterricht für Mädchen und Jungen in dem neuen Gebäude der damaligen reformpädagogischen Realschule aufgenommen, die zwischen 1921 und 1937 nach dem ersten Direktor der Hamburger Kunsthalle „Lichtwarkschule" benannt wurde. Auch Helmut Schmidt und seine Frau Loki haben hier die Schulbank gedrückt.

Wir folgen der Maria-Louisen-Straße jetzt nach rechts bis zur Barmbeker Straße.

GEFÄHRLICHE SCHULWEGE

Winterhude hatte über Jahrhunderte weder eine eigene Kirche noch eine eigene Schule. Erst 1911 erhielt der Stadtteil ein eigenes Gotteshaus, die katholische Kirche St. Antonius an der Alsterdorfer Straße. Im Jahr darauf stand St. Matthäus an der Gottschedstraße den protestantischen Gläubigen zur Verfügung, aber erst 1922 wurde Winterhude ein eigener Pfarrbezirk.

Mit dem deutlichen Anstieg der Bevölkerungszahlen in Winterhude in der zweiten Hälfte des 19. Jahrhunderts erwog der Hamburger Senat die Errichtung einer Schule in Winterhude, die dann im Jahr 1886 als Knabenschule am Grasweg eröffnet wurde. Bis dahin gingen Mädchen wie Jungen in die Schulen nach Eppendorf, was bis zur Errichtung einer stabilen Brücke 1841 allerdings eine gefährliche Angelegenheit war. Auf Höhe der Eppendorfer Kirche diente eine schmale Holzbrücke, „ein höchst elender, halsbrechender Steg", als einzige Möglichkeit, die Alster zu überqueren. Und so geschah es, dass im Februar 1798 die zehnjährige Tochter des Vollhufners Claus Ellerbrock vom Steg ins Wasser stürzte und ertrank.

Aber der wacklige Steg war nicht die einzige todbringende Gefahr für die Schüler. Der Bleicher Wilhelm Butenschön, Vater von vier Kindern und wohnhaft an der Alsterdorfer Straße, schrieb im Jahr 1866 dem Eppendorfer Pastor A. H. Faaß, dass er seine Kinder nicht mehr zur Schule schicken werde. Der Grund für den „Schulstreik" waren die beklagenswerten Zustände der Straßen in Winterhude. Die Abwässer der Bleicher in Kombination mit Regen hatten die Alsterdorfer Straße, deren nahezu unpassierbare Abschnitte von den Winterhudern nur als „Jammer" bezeichnet wurden, in einen Morast verwandelt. Folglich bekamen die Kinder auf ihrem Schulweg regelmäßig nasse Füße. Dass die Sorgen des Vaters nicht unbegründet waren, zeigt ein Brief des Pastors. Faaß forderte die Landherrenschaft auf, „für gangbare Schulwege zu sorgen", und verwies auf die hohe Anzahl von Todesfällen „der an Masern oder Rachenbräune erkrankten Kinder" im vorangegangenen Winter, die auf das durchnässte Schuhwerk der Kinder zurückzuführen seien.

4 HAUS „ROMAN", MARIA-LOUISEN-STRASSE 132

Die Bebauung des nördlichsten Stücks der Maria-Louisen-Straße begann erst, nachdem die Zufahrt zum 1914 eröffneten Stadtpark ausgebaut worden war. Als eines der ersten Gebäude entstand 1924/25 das an der Ecke zur Barmbeker Straße gelegene Wohnhaus „Roman" (Abb. 18). Die verantwortlichen Architekten waren Alfred Jacob und Otto Ameis, Vertreter einer

18 HAUS „ROMAN"

gemäßigten traditionalistischen Architektur. Das Gebäude stellt ein typisches Beispiel des gehobenen Einzelhausbaus der 1920er Jahre dar. Hier wohnte zunächst die Familie des Kaufmanns Walter Roman, bevor das Haus dann im Jahr 1938 von neuen Eigentümern an die NS-Volkswohlfahrt verkauft wurde. Schon zur NS-Zeit diente es als Kindertagesstätte.

Das zweigeschossige Backsteinhaus fällt auf durch den halbrunden Standerker an der Westseite und die Veranda an der Südseite mit den Arkaden und Pfeilern, die im Stil des Expressionismus zur Basis hin verjüngt sind. Ebenso imponiert der ausdrucksstarke Fassadenschmuck des Bildhauers Karl Weinberger, der auch die Pelikan-Apotheke am Großneumarkt verschönerte. Auf der Westseite ist auf Höhe der Dachgaube ein Blumenbouquet aus Keramik in eine halbrunde Nische gesetzt. Bei den rechts und links von der Gaube angebrachten Figuren handelt es sich um Athena, die griechische Göttin der Weisheit und Wissenschaft, und um Hermes, den Gott der Kaufleute und Diebe. Weiter unten, zwischen den Fenstern, lassen sich kindliche Figuren, die auf Wassertieren reiten, ausmachen.

Wir kreuzen nun die Barmbeker Straße und folgen der Maria-Louisen-Straße bis zur Gelehrtenschule des Johanneums.

5 JOHANNEUM, MARIA-LOUISEN-STRASSE 114

Das Johanneum wurde von Hamburgs genialem Baumeister Fritz Schumacher entworfen. Seit 1529 gibt es die Gelehrtenschule in Hamburg. Gegründet wurde die älteste höhere Schule der Stadt von Johannes Bugenhagen (1485–1558), der als Reformator Hamburgs in die Geschichte eingegangen ist und ein Freund Martin Luthers war. Ursprünglich war die Schule im Kloster St. Johannis am heutigen Rathausmarkt untergebracht. Im 19. Jahrhundert büffelten die Schüler dann in dem von den Architekten Carl Ludwig Wimmel und Franz Gustav Joachim Forsmann errichteten klassizistischen Gebäude auf dem Domplatz. Schumacher nahm die architektonische Grundform des Vorgängerbaus – eine Dreiflügelanlage mit Arkade als Hofabschluss – wieder auf. Er entschied sich aber bei der 1914

19 GELEHRTENSCHULE DES JOHANNEUMS (UM 1914)

eröffneten Schule gegen die Putzbauweise und für sein Lieblingsmaterial – den roten Backstein. Sein Ziel bei der Errichtung der Schule war es, „etwas von dem Klostergeist ahnen zu lassen, aus dem diese historische Keimzelle aller Hamburger Bildung hervorgegangen war, und doch ein heiteres, modernes Bauwerk zu schaffen".

Dem imposanten Hauptbau, der die Aula, „Ehrenhalle", Turnhalle und zwei Treppenhäuser in sich birgt, schließen sich rechts und links die beiden niedrigeren Seitenflügen mit den Klassenräumen an (Abb. 19). Für die Ausgestaltung des Gebäudes zog Schumacher anerkannte Künstler seiner Zeit wie Karl Weinberger (Abb. 21) und Richard Kuöhl, der 1929 die Jünglingsstatue im Innenhof schuf, heran. Otto Fischer-Trachau (1878–1958) übernahm die Farbgestaltung im Innern und entwarf die Fenster der Ehrenhalle.

Dass es sich bei der Schule um ein humanistisches Gymnasium handelt, lässt sich auch bei verschlossenen Schultoren erahnen. Im Scheitel

20 JOHANNES BUGENHAGEN (1485–1558)

der Arkaden sind die von dem Bildhauer Karl Weinberger geschaffenen Häupter der griechischen Götter Apollo (Abb. 22), Aphrodite, Zeus, Ares und Hermes angebracht. Im Innern des seit 1979 unter Denkmalschutz stehenden Schulgebäudes hält eine umfangreiche Bibliothek etwa 60 000 Medien für wissbegierige Schülerinnen und Schüler bereit. Das älteste Werk ist eine lateinische Bibel aus dem Jahr 1491.

Die traditionsreiche Schule kann auf eine lange Liste prominenter Ehemaliger verweisen. Dazu zählen zum Beispiel der Physiker Heinrich Hertz, der Schriftsteller Ralph Giordano und der Musiker Lotto King Karl. Direktorin des altsprachlichen Gymnasiums ist seit einigen Jahren Inken Hose. Sie ist die erste Frau in dem Amt der Schulleitung.

Für Schumacher, der selbst eine humanistische Schulbildung in Bremen genossen hatte, zählte die Schule zu seinen Lieblingsbauwerken. Er lebte ab 1942 in der Nähe des Johanneums und hatte Freude daran, das lebhafte Treiben auf dem Schulgelände zu beobachten.

Bevor wir die Maria-Louisen-Straße weiter entlanggehen, werfen wir einen Blick auf den Gründer der Schule. Das Bugenhagen-Denkmal wurde 1885 von dem Bildhauer Engelbert Pfeiffer geschaffen (Abb. 20). Es schmückte ursprünglich den Innenhof des Vorgängerbaus.

21+22 KUPFERUHR MIT SCHÜLER–LEHRER-MOTIV UND APOLLO VON KARL WEINBERGER

23 LÄNDLICHE IDYLLE AN DER SIERICHSTRASSE (1904)

6 SIERICHSTRASSE

Auf dem Weg zum Rondeel, der letzten Station unseres Rundgangs, kreuzen wir die Sierichstraße. Die Straße trägt ihren Namen im Gedenken an Adolph Sierich (1826–1889, Abb. 24), der ebenso wie Gertig einen außerordentlichen Einfluss auf die Entwicklung des Dorfes zum Stadtteil hatte. Kurz gesagt: Gertig schuf Platz für die Industrie und günstigen Wohnraum für die Arbeiter, Sierich dagegen ein Wohnviertel für die wohlhabende Bevölkerung in idyllischer Umgebung (Abb. 23).

24 ADOLPH SIERICH (1826–1889)

Adolph Sierich war der Sohn des Hamburger Goldschmieds Johann F. B. Sierich, der durch seine Goldschmiedekunst zu Ansehen und Reichtum gelangt war und 1839 ein Gehöft im Winterhuder Dorf erwarb. Nach seinem Tod im Jahre 1850 hinterließ er seiner Familie den Hof sowie Ländereien. Sein Sohn Adolph erwarb in den nächsten zwei Jahrzehnten dank geschickter Bodenspekulationen halb Winterhude. Ab 1860 hatte er mit den Bauern um das Gebiet der Nachtweide, das sumpfige Alstervorland, verhandelt. Diese waren schließlich bereit, ihm das Land für 70 000 Mark zu überlassen. Weitere Interessenten mischten sich jedoch ein, der Preis schnellte in die Höhe, und schließlich bezahlte Sierich 1864 fast eine halbe Million Mark für das heiß begehrte Grundstück. Damit war er im Besitz von mehr als achtzig Prozent der Ländereien der sieben ehemaligen Vollhufner. Sein Ziel war es, einen neuen Stadtteil zu schaffen. Er verkaufte Grundstücke für den Bau von Häusern und Villen, ließ Straßen und Brücken bauen und sorgte für eine Kanalisation – auch für die Abwässer der Bleichereien. Anregungen für die Stadtplanung erhielt er durch die Verwandtschaft seiner zweiten Frau, zu der Baumeister, Techniker und Wissenschaftler gehörten. Sierich hatte Clara Octavia Repsold im Jahr 1864, ein Jahr nach dem Tod seiner ersten Frau, Maria Louise Lembke, der Tochter eines Zuckerbäckers, geheiratet.

Sierich wird von dem Heimatforscher Armin Clasen (1890–1980) als entschlusskräftige, aber zugleich bescheidene und zurückhaltende Person beschrieben. Im Gegensatz zu Gertig scheint er die Öffentlichkeit gemieden zu haben. Zwar hatte er städtische Ehrenämter inne, strebte aber kein Amt im Dorf Winterhude an – wohl auch, weil seine Ziele über die der Bauern hinausgingen. Ausgleich zu seinen stadtplanerischen Aktivitäten fand er in der Jagd. Um seiner Leidenschaft zu frönen, ließ er einen Privatforst anlegen, das Sierichsche Gehölz, die Keimzelle des späteren Stadtparks.

25 SIERICHSTRASSE – EINE „UNECHTE" EINBAHNSTRASSE

Adolph Sierich machte reichlich Gebrauch von dem Recht als Grundeigentümer, den neu angelegten Straßen in Winterhude selbst Namen zu Ehren seiner

26 LUFTAUFNAHME DES RONDEELTEICHS MIT UMGEBUNG (1984)

Familie und Freunde zu vergeben. Die Maria-Louisen-Straße erhielt ihren Namen in Erinnerung an seine erste Ehefrau, die Klärchenstraße ist seiner zweiten Frau gewidmet, die Willistraße seinem Sohn. Die Andreasstraße widmete er seinem Freund, dem Oberingenieur Franz Andreas Meyer (1837–1901), als Dank für dessen bauliche Ratschläge. Auch seiner Mutter und einer Schwägerin gedachte er mit der Dorotheenstraße und der Agnesstraße.

Die Sierichstraße ist nicht nur wegen ihrer noblen Villen eine Besonderheit. Auf der „unechten“ Einbahnstraße wird je nach Tageszeit die Fahrtrichtung gewechselt. Morgens von vier bis mittags um zwölf fließt der Verkehr stadteinwärts, ab zwölf Uhr bis zum nächsten Morgen stadtauswärts (Abb. 25). Zugleich trennt die verkehrsreiche Straße das Gebiet der noblen Einzelhäuser in Alsternähe von den dichtbebauten Quartieren.

Wir erreichen die letzte Station unseres Rundgangs, die Villen am Rondeelteich.

7 VILLEN AM RONDEELTEICH

Die herrschaftlichen Häuser mit Wasserzugang demonstrieren die Lebensweise des wohlhabenden Bürgertums vor dem Ersten Weltkrieg. Dass den Bewohnern dieser Villen im Gegensatz zu den Arbeitern in den Massenquartieren erheblich großzügiger aufgeteilte Räume zur Verfügung standen, versteht sich von selbst. Die Villen wurden damals mit repräsentativen Räumlichkeiten wie Halle, Salon, Saal und Herrenzimmer ausgestattet, die mit Stuckarbeiten und Marmor geschmückt waren. Einige der prachtvollen Bauten, wie die trutzige „Wentzelburg“, die Carl Hermann Wentzel, Chef einer Hamburger Hausmaklerfirma und Vater von neun Kindern, Anfang der 1880er Jahre errichten ließ, hatten jedoch nur wenige Jahrzehnte Bestand. Die Villa wurde schon 1911 wieder abgerissen (Abb. 27).

Der Name „Rondeel“ geht auf die Straßenform zurück. Die Häuser legen sich im Kreis um den Teich, der 1865 angelegt wurde und über Kanäle mit der Alster verbunden ist (Abb. 26). Nur die Anwohner haben einen direkten Zugang zum Wasser. Die Gartenseite der millionenteuren Villen kann auf einer Bootstour bewundert werden. Der Ausflug lohnt sich!

Auch Adolph Sierich hatte sich 1866 ein Grundstück (Nr. 58) am Rondeelteich reservieren und bald darauf eine Villa bauen lassen. Hier lebte er mit seiner zweiten Frau und den acht Kindern. Zuvor hatte sein Anwesen sich an der Barmbeker Straße (Ecke Maria-Louisen-Stieg) befunden. Seine Frau Clara Octavia überlebte ihn um viele Jahre. Sie starb 1938 im Alter von 96 Jahren. Im Gegensatz zu ihrem Mann erhielt sie Nachrufe in den Zeitungen, in denen ihre wohltätige Arbeit in Kirche und Armenpflege gelobt wird.

Das Domizil am Rondeel Nr. 37 – die Villa Rappolt – ist ein besonders imposantes Beispiel repräsentativer Villenarchitektur (Abb. 28). Geschaf-

27 VILLA DES C. H. WENTZEL AM RONDEELTEICH (ABBRUCH 1911)

fen wurde das Bauwerk 1907/08 von dem Architekten Ernst P. Dorn für die vierköpfige Familie Rappolt. Der zweigeschossige Putzbau mit barockisierenden Formen ist zur Straßenseite hin symmetrisch gegliedert. Der Mittelrisalit tritt leicht konvex hervor und ist durch ein Kuppeldach abgeschlossen.

Der Stolperstein vor der Villa erinnert an Johanna Rappolt (1870–1942), die Tochter des Hamburger Kaufmanns Albert Süsskind Oppenheim. Im Jahr 1898 heiratete sie Paul Rappolt, der zusammen mit seinem Bruder Arthur Mitinhaber der Textilfirma Oppenheim & Rappolt war. Das Ehepaar Rappolt hatte zwei Kinder, Lilly und Erich. Lilly studierte Medizin und eröffnete eine Praxis in der elterlichen Villa, in der sie in den Jahren 1937 und 1938 als praktische Ärztin arbeitete, bevor sie in die USA emigrierte. Ihr Bruder, Mitinhaber des Familienunternehmens, wanderte nach England aus.

Die Eltern entschlossen sich, vorerst in Hamburg zu bleiben. Diese Entscheidung wurde ihnen zum Verhängnis. Sie verloren ihr Familienunternehmen durch Zwangsverkauf, den die Nationalsozialisten mit ihren Gesetzen zur „Ausschaltung der Juden aus dem deutschen Wirtschaftsleben" erreicht hatten. Der Verkaufserlös wurde beschlagnahmt, die Eltern durften nur über einen monatlichen Betrag von 1100 Reichsmark verfügen. Weitere Gesetze wie die „Judenvermögensabgabe" und die „Reichsfluchtsteuer" führten zum finanziellen Ruin der Familie und zur Aufgabe der Villa am Rondeelteich.

Paul Rappolt verstarb 1940 nach mehreren Schlaganfällen. Johanna Rappolt wurde 1942 nach Theresienstadt deportiert, wo sie im selben Jahr durch die grausamen Lagerbedingungen an Darmkatarrh verstarb, wie der jüdische Mediziner Dr. Honigwachs diagnostizierte.

28 VILLA RAPPOLT, RONDEEL 37

Kaum vorstellbar ist angesichts heutiger Mieten die jüngere Geschichte der Villa Nr. 29: Anfang der 1970er Jahre beherbergte die mehrstöckige Villa eine Wohngemeinschaft bestehend aus jungen Studierenden, Künstlern und Musikern. Zeitweilig lebten bis zu 14 Bewohner in der „Villa Kunterbunt“, darunter heute sehr prominente Unterhaltungskünstler wie Udo Lindenberg, Otto Waalkes und Marius Müller-Westernhagen. Es braucht nicht viel Fantasie, um sich vorzustellen, dass hier nicht nur studiert, sondern auch wilde Partys gefeiert wurden. Von Udo Lindenberg wird kolportiert, er sei einmal mit einer Zigarette in seinem Wasserbett eingeschlafen. Die Folge war eine tropfnasse Studentenbude.

Der Bus 109 (Haltestelle Maria-Louisen-Straße) gleich hier in der Nähe des Rondeels bringt uns zurück zum Winterhuder Marktplatz. Wer noch Lust auf einen Spaziergang durchs Villenviertel hat, folgt der Maria-Louisen-Straße bis zur Alster und biegt dann rechts in den Leinpfad ein. Der Weg entlang der Villen an der Alster bis zur U-Bahn Hudtwalckerstraße dauert etwa eine halbe Stunde.

STREIT UM DIE GEMEINWEIDE

Die Geschichte zeigt, dass die Winterhuder Bauern sehr selbstbewusst auftraten, wenn es darum ging, eigene Rechte zu verteidigen. Wie schon in der Einleitung zu diesem Buch erwähnt, kämpften sie zu Ostern 1571 gegen die Barmbeker Bauern, mit denen sie viele verwandtschaftliche Beziehungen verbanden, für den Erhalt ihrer Gemeinweide. In den nachfolgenden Jahrhunderten kam es immer wieder zu Prozessen zwischen der Landbevölkerung und der Klosterobrigkeit. So wehrten sich die Winterhuder im Jahr 1632 erneut erfolgreich gegen den Verkauf von Anteilen der Gemeinweide, die an einen einzigen Bauern veräußert werden sollten. Auch bei dem längsten Gerichtsprozess in der Geschichte Winterhudes spielte die Gemeinweide eine Rolle. Die Klosteroberen von St. Johannis begannen 1768 Parzellen der Weidefläche an der Osterbek zu verkaufen. Als sich die Winterhuder dagegen wehrten, reagierten die Klosterherren auf die rebellierenden Bauern, indem sie ihnen die silbernen Löffel pfändeten. Daraufhin wandten sich vier Dorfmitglieder in einem Brief an ihren Anwalt in Wetzlar. Das Schreiben macht deutlich, wie verzweifelt, aber auch wütend die Bauern waren:

„Weil wir aber immer ohne hülfe bleiben, so sind wir gantz klein geworden. Wir sind schon zweymahl ausgepfändet worden, uns ist alles genommen, nun steht die dritte Pfändung vor, u. weil sie immer verdoppelt werden, so bleibt uns nicht das Hemde auf dem Leibe über. Wir sind zu Verzweiflung gebracht, und haben uns fest vorgenommen, ehe die dritte pfändung zu leiden, lieber die äußerste gewahlt in unsere Nothwehre zu brauchen, und die Gerichtbedienten Tod zuschlagen, ehe sie uns nackend ausziehen sollen, so behalten wir doch unsre Kleider, nehmen unsere armen Kinder auf den Rücken, und gehn nach Amerika, wo man gerecht und menschlich mit uns umgehn wirt. Das Blutbad mag der verantworten, der Schuld an unseren Unglück ist, Kriegen wir das Mandat nicht in 14 Tagen vonher so geht das Unglück vor sich [...].“

Es kam zwar weder zum Totschlag noch zur Auswanderung nach Amerika, denn das Gericht sprach den Bauern 1774 vorläufig Recht zu. Der Konflikt endete jedoch erst 1831 mit der Rückgabe der silbernen Löffel an die Bauern.

CAFÉS / RESTAURANTS

Beiti
Alsterdorfer Straße 76
www.beiti-hamburg.de
→ *feine libanesische Küche*

Bistrolino
Ohlsdorfer Straße 2
www.bistrolino.net
→ *Pizza, Pasta und Croques*

Dulf's Burger
Himmelstraße 45
www.dulfsburger.de
→ *Paradies für Burger-Fans*

Il Cantuccio
Sierichstraße 94
www.il-cantuccio.net
→ *ausgezeichnete italienische Küche und guter Service*

Laurin
Himmelstraße 18
www.laurinhamburg.de
→ *ruhiges Lokal etwas abseits des „Trubels" am Winterhuder Marktplatz*

Le Beau Voisin
Ulmenstraße 2
www.lebeauvoisin.de
→ *französisches Café mit hausgemachten Kuchen, Desserts sowie herzhaften Speisen*

Misaki Sushi Restaurant
Dorotheenstraße 142
www.misakisushi.de
→ *japanische Küche mit Sushi und Sashimi-Variationen*

Osteria da Vincenzo
Grasweg 9
www.osteriadavincenzo.de
→ *authentisch italienische Küche mit täglich wechselndem Mittagstisch*

par ici!
Maria-Louisen-Straße 1
www.parici.de
→ *französisches Café mit täglich ofenfrischen süßen und herzhaften Tartes*

Steak-House Arizona
Barmbeker Straße 150
www.steak-house-arizona.de
→ *ausgezeichnete Steaks vom Holzkohlegrill*

Winterhuder Kaffeehaus
Winterhuder Marktplatz 16
www.winterhuder-kaffeehaus.net
→ *Kaffeehaus im Stil der 1950er Jahre mit Frühstück, Kuchen und mehr*

LÄDEN

anders hören
Hudtwalckerstraße 26
www.anders-hoeren.com
→ *bunte Auswahl an LPs, CDs, DVDs, Büchern und Hörspielkassetten*

Bücher & Co.
Winterhuder Marktplatz 6-7 A
www.buecherco.de
➜ *gut ausgewähltes allgemeines Buchsortiment im Winterhuder Forum*

Bücher Heymann
Hudtwalckerstraße 35
www.heymann-buecher.de
➜ *Ableger des freundlichen Filialisten nicht weit vom Stammhaus*

Buddel Bini
Barmbeker Straße 171
www.buddelbini.de
➜ *Buddelschiffe, waterkantige Bekleidung und manches drumherum*

Cuisinette
Alsterdorfer Straße 13
www.cuisinette.de
➜ *Gewürze, Öle und Delikatessen*

Der Maßschuh
Dorotheenstraße 132
www.massschuh-hamburg.de
➜ *Schuhe nach Maß mit Perfektion und Leidenschaft*

Die Lakritzerie
Barmbeker Straße 189
www.lakritzerie.com
➜ *nicht nur Lakritz-Spezialitäten, sondern auch englisches Fudge, Pralinen und mehr*

Die Pampi
Hudtwalckerstraße 26
www.diepampi.de
➜ *skandinavische Mode, Möbel und Accessoires*

Goldschmiede Schleede
Hudtwalckerstraße 26
www.goldschmiede-schleede.de
➜ *Goldschmuck vom Feinsten*

Harlekin
Alsterdorfer Straße 26
➜ *Kinderbücher, Spiele, Babykleidung und vieles mehr*

Hobby Dittrich
Barmbeker Straße 173
www.hobby-dittrich.de
➜ *Fachgeschäft für den Hobby-und Künstlerbedarf mit Kursangeboten*

Hut-Design
Hudtwalckerstraße 23
www.hut-design.de
➜ *handgefertigte Hüte für jeden Anlass*

Kleine Freiheit
Hudtwalckerstraße 20
www.kleinefreiheit.com
➜ *Erotikshop mit Veranstaltungsprogramm für Frauen*

Nobelhobel Bike Store
Dorotheenstraße 113
www.cargobike-hamburg.de
➜ *Radladen der neuen Art*

Schlachterei Striga
Alsterdorfer Straße 4
→ *Qualität seit 1976*

Tauchen-Hamburg
Barmbeker Straße 153
www.tauchen-hamburg.de
→ *alles rund ums Tauchen*

Winterhuder Bücherstube
Maria-Louisen-Straße 65
www.winterhuder-buecherstube.de
→ *Lesefreuden für Klein und Groß*

Wochenmarkt
Winterhuder Marktplatz
www.hamburger-wochenmaerkte.de
→ *mittwochs 11 bis 18 Uhr, freitags (Öko-Markt) 14.30 bis 18.30 Uhr, samstags 8 bis 13 Uhr*

HOTELS

Gästeunterkunft Hamburg-Winterhude
Krohnskamp 66
www.norbert-einhaus.de
→ *liebevoll eingerichtetes Gästehaus im Garten eines Innenhofs*

Hotel Cristobal
Dorotheenstraße 52
www.hotel-cristobal.de
→ *3-Sterne Nichtraucher-Hotel*

FREIZEIT / SPORT

Agon Sportschule
Grasweg 36
www.agon-sportschule.de
→ *Karate und Boxen, Yoga und Gymnastik*

Bodystreet
Maria-Louisen-Straße 63
www.bodystreet.com
→ *zeitsparendes Ganzkörpertraining unter Elektromuskelstimulation*

Kieser Training
Winterhuder Marktplatz 6-7 A
www.kieser-training.de
→ *gesundheitsorientiertes Krafttraining*

Siam Massage
Alsterdorfer Straße 68
www.siam-massage-hamburg.de
→ *kraftvolle Thai-Massagen und sanfte Wellness-Anwendungen*

KULTUR

Bücherhalle Winterhude
Winterhuder Marktplatz 6
(Winterhuder Forum)
www.buecherhallen.de/winterhude
→ *Bücherhalle für Eppendorf und Winterhude*

Komödie Winterhuder Fährhaus
Hudtwalckerstraße 13
www.komoedie-hamburg.de
→ *Komödien, Boulevardstücke und Konzerte*

Magazin Filmkunsttheater
Fiefstücken 8 A
www.magazinfilmkunst.de
→ *unabhängiges Programmkino im ehemaligen Speise- und Veranstaltungssaal der von Fritz Schumacher konzipierten Wohnanlage*

Roots Gallery
Ulmenstraße 41
www.rootsgallery.de
→ *Kunst der Aborigines*

SOZIALES / NON-PROFIT

Staatspolitische Gesellschaft e.V.
Ohlsdorfer Straße 37
www.sghamburg.de
→ *politische Gesellschaft mit vielfältigem Programm*

Winterhuder Bürgerverein von 1872 r. V.
Fiefstücken 24
www.winterhuder-buergerverein.de
→ *gemeinnütziger Verein mit eigener Zeitung*

Schritt für Schritt e.V.
Maria-Louisen-Straße 88
www.schritt-fuer-schritt.de
→ *Hilfe für hirnverletzte Kinder*

Stiftung Parkheim der Detaillistenkammer
Baumkamp 96
→ *bezahlbarer Wohnraum für Angehörige des Einzelhandels im Ruhestand*

RUND UM DEN MÜHLENKAMP 2

Quartier Geibelstraße * Geibelstraßen-Terrassen * Fabrikgelände Maihak AG * Ehemalige Brauerei / Schule Forsmannstraße * Bodelschwingh-Kirche * Ehemalige Trabrennbahn * Gertigs „Mühlenkamp" * Mühlenkampkanal * Goldbekhaus

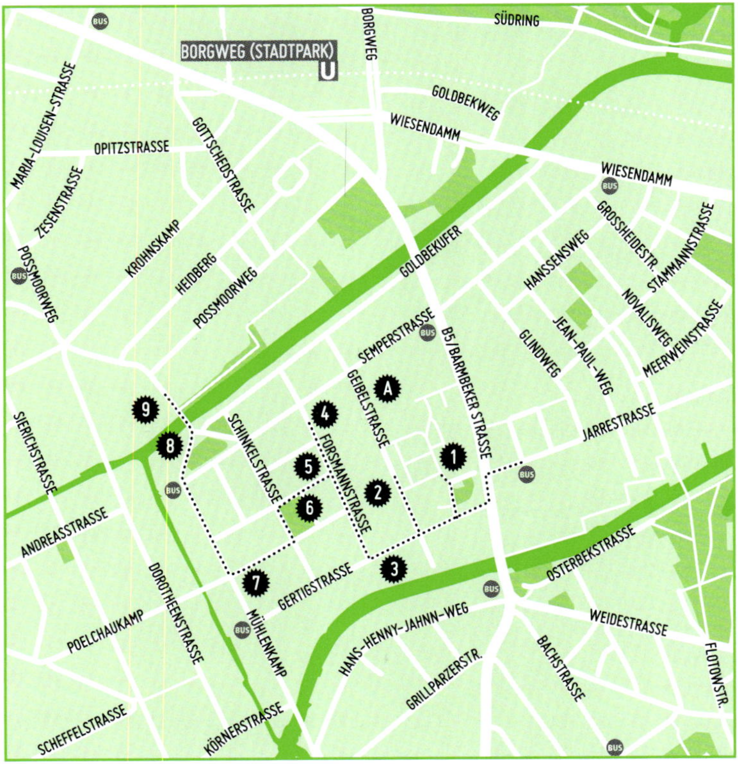

STARTPUNKT: Jarrestraße (Haltestelle Jarrestraße / Kampnagel / Buslinien 172, 173, zwei Stationen zur U-Bahn-Station Saarlandstraße)
ENDPUNKT: Goldbekplatz (Metrobus 6 Richtung U-Bahn-Station Borgweg oder Innenstadt, Metrobus 25 Richtung Winterhuder Marktplatz oder U-Bahn-Station Burgstraße)
DAUER: etwa 1,5 Stunden

Wer sich um 1850 in die Gegend um dem Mühlenkamp verirrte, dem bot sich ein beschauliches Bild: Kühe weideten auf Wiesen, nur ein paar vereinzelte Häuser umsäumten damals die Straße (Abb. 1). Lebhafter wurde es ab 1857, als Julius Gertig hier ein großes Ausflugslokal baute, das an den Sonntagen viele Besucher anlockte. Als Gertig dann in den 1880er Jahren eine Pferderennbahn in der Nähe des Mühlenkamps errichtete, kam sogar internationales Publikum hierher. Gertig war es auch, der wesentlich dazu beitrug, dass sich dieses Gebiet im letzten Drittel des 19. Jahrhunderts zu einem Wohnquartier für Arbeiter entwickelte. Die Menschen lebten in unmittelbarer Nachbarschaft zu rauchenden Fabrikschloten, denn zur gleichen Zeit setzte die Industrialisierung des südlichen Winterhudes ein, für die der Goldbek- und der Osterbekkanal ideale Voraussetzungen boten.

Längst hat sich das Bild gewandelt: Die Industriebetriebe sind aus dem Stadtteil verschwunden, ihre Bauten aber zum Teil noch erhalten und einige von ihnen als Beispiele für gelungene Umnutzung zu besichtigen. Die Schuten auf den Kanälen sind Paddelbooten und Kajaks gewichen, und statt der Arbeiter wohnen hier heute immer mehr besser Verdienende, denn das Mühlenkamp-Viertel zählt zu den beliebten Gründerzeitquartieren. Die Mieten sind in den letzten Jahren rasant in die Höhe gestiegen.

Wir folgen der Jarrestraße bis zur Kreuzung. Beim Überqueren der Barmbeker Straße werfen wir einen Blick auf das lang gestreckte Gebäude mit der geschwungenen Fassade auf der rechten Seite, das zum Neubauquartier Geibelstraße / Barmbeker Straße gehört. Wir gehen dann die

1 AUSSICHT VOM MÜHLENKAMP (1850)

Barmbeker Straße entlang Richtung Osterbekkanal, biegen rechts in die Gertigstraße und noch einmal rechts in den Knickweg, der in das neue Quartier führt.

1 QUARTIER GEIBELSTRASSE/BARMBEKER STRASSE

Die Gentrifizierung, das heißt die Aufwertung von Wohnvierteln durch Sanierungsmaßnahmen und die damit häufig einhergehende Verdrängung von einkommensschwachen Altmietern durch gut verdienende Bevölkerungsschichten, ist spätestens seit den 1990er Jahren auch im Wohnviertel rund um den Mühlenkamp zu beobachten. So wurden die eher kleinen Wohnungen der Gründerzeitbauten teilweise zusammengelegt, um den gestiegenen Platzbedürfnissen zu genügen; neue Wohnungen für gehobene Ansprüche entstehen.

Nach der Gründung im Jahr 1880 hatte sich auf dem Gelände zwischen der Geibelstraße und der Barmbeker Straße jahrzehntelang eine Brauerei befunden, deren Bier auch über Winterhude hinaus geschätzt wurde. Nach dem Abbruch diente das Gelände lange Zeit als Standort für ein Autohaus, einen Supermarkt und als Parkplatz. Zwischen 2010 und 2013 wurde hier ein Wohn- und Gewerbegebiet entwickelt, für das das Hamburger Architekturbüro SHE den Masterplan lieferte.

Den östlichen Teil des ehemaligen Brauereigeländes schirmt zur Barmbeker Straße hin der lang gestreckte Riegel ab, der zugleich als Schallschutzwand dient (Abb. 2). Das Sockelgeschoss wird von Supermärkten belegt, darüber befinden sich mehrere Wohnzeilen mit einem begrünten Innenhof, die wie das Gebäude an der Barmbeker Straße vom Hamburger Architekturbüro Planwerkeins realisiert wurden (Abb. 3). Mit 44 bis 148 Quadratmetern Wohnfläche sollen die Mietwohnungen sowohl Singles und Paare wie auch Familien ansprechen.

Für das westliche Areal, das auch von der Geibelstraße zugänglich ist, entwarf das in Hamburg ansässige Architekturbüro BDS Bechtloff. Steffen. Architekten 121 Eigentumswohnungen und zwanzig Stadthäuser. Letztere zeigen, dass manche Menschen auch mitten in der Stadt nach wie vor nicht auf ein Einfamilienhaus verzichten möchten.

Wir gehen den Knickweg zurück und biegen rechts in die Gertigstraße.

2+3 GEBÄUDERIEGEL BARMBEKER STRASSE UND GEIBELSTRASSENQUARTIER

Auf der anderen Seite der Gertigstraße tarnen auf die Fassade gemalte Bäume einen Hochbunker. Mit seinem dicht besiedelten Wohnquartier gehörte dieser Teil Winterhudes zu den Gebieten, die nach 1933 vorrangig mit Luftschutzbauten versorgt werden mussten. Seit vielen Jahrzehnten dient der Bunker als Lager für die Baustoffhandlung „Krüger & Scharnberg“, die seit 1907 in der Gertigstraße ansässig ist.

Wir biegen nun rechts in die Geibelstraße.

2 GEIBELSTRASSEN-TERRASSEN NR. 8–10 UND 21–43

Wie andere Gebiete Hamburgs fielen auch die Ländereien rund um den Mühlenkamp in der zweiten Hälfte des 19. Jahrhunderts in die Hände von Bodenspekulanten, die zu Reichtum gelangten, indem sie Bauland erwarben und es parzelliert zu hohen Preisen wieder verkauften. Neben Adolph Sierich war Julius Gertig (vgl. Rundgang „Vom Winterhuder Marktplatz bis zum Rondeel“) der wichtigste Winterhuder Investor. Er legte Ende der 1880er Jahre die Gertig- und die Geibelstraße als Privatstraßen an, die 1894, nachdem Winterhude Stadtteil geworden war, in städtischen Besitz übergingen und gepflastert wurden.

An der Geibelstraße entstand um 1890 u. a. nach Plänen des Altonaer Baumeisters Julius Biernatzky eine ganze Reihe von Terrassenbauten, von denen einige heute durch Wärmedämmung leider stark entstellt sind. Der Bautypus der Terrasse – die Hamburger Variante der Berliner Mietskaserne – hatte zwischen 1870 und 1914 Konjunktur. Um das Bauland bestmöglich aus-

4 WOHNHOF GEIBELSTRASSENTERRASSEN

zunutzen, errichtete man hinter den Vorderhäusern weitere, meist niedrigere und einfachere Wohnhäuser. Die Hinterhäuser gruppieren sich um einen von einer Seite zugänglichen Wohnhof (Abb. 4), den man in Hamburg etwas irreführenderweise als Terrasse bezeichnet, obwohl er in seiner Enge wohl kaum zum Sonnenbaden taugte.

Die Geibelstraßen-Terrassen von Biernatzky sind immerhin vergleichsweise weiträumig ausgefallen. In den rund vierzig Quadratmeter kleinen Wohnungen, meist ohne Bad, drängten sich Familien mit vielen Kindern, die Haltung von Kleinvieh wie Ziegen oder Hühnern auf den Wohnhöfen sorgte für zusätzliche Platznot.

Heute sind die Wohnungen der Hinterhäuser in ihrer Abgeschiedenheit trotz zentraler Lage durchaus wieder attraktiv, wenngleich wahrscheinlich meist nur für Singles.

→ ABSTECHERTIPP A:

FABRIKGELÄNDE DER „MAIHAK AG", GEIBELSTRASSE 46 A/B, SEMPERSTRASSE 24–30 (VERWALTUNGSGEBÄUDE)

Auch das rund 150 Meter entfernte Fabrikgelände der „Maihak AG" ist ein Beispiel für die Umnutzung ehemaliger Produktionsstätten zu Wohn- und Gewerbezwecken. Das ehemalige Verwaltungsgebäude der „Maihak AG" aus den späten 1930er Jahren lässt von außen gar nicht erkennen, dass sich dahinter einmal eine Industrieanlage befand. Ihre Bauten bestehen in Teilen noch heute. Das Unternehmen war Anfang des 20. Jahrhunderts von der Innenstadt nach Winterhude gezogen. Das Firmengelände wurde fast

5 MAIHAK-HÖFE

6 GERTIGSTRASSE (1900)

vollständig von einer großen, 1908 errichteten Produktionshalle, einer Sheddachhalle, eingenommen, in der sich u. a. Dampfmaschinen, Dampfkessel, Drehbänke, Bohr- und Fräsmaschinen befanden. Einen Namen machte sich die „Maihak AG" mit der Herstellung von Messgerätetechnik für Maschinen. Nachdem das Unternehmen Ende der 1990er Jahre nach Poppenbüttel umgezogen war, entwickelte das Hamburger Architekturbüro Dinse Feest Zurl in dem denkmalgeschützten Fabrikensemble ein Projekt, das Wohnen und Gewerbe verbindet. Es finden sich dort Lofts, Studios und Büros (Abb. 5). Der teilweise Abbruch der Sheddachhalle lockerte die ehemals sehr dichte Bebauung des Geländes auf, indem drei Höfe geschaffen werden konnten. Nutzer der Halle ist ein Unternehmen für Lichttechnik, das auch Studios für Foto- und Filmaufnahmen vermietet, denn die gläsernen Oberlichter der pultartigen Dachaufbauten sorgen für gute Lichtverhältnisse.

Wir gehen die Geibelstraße zurück in Richtung Gertigstraße, in die wir rechts abbiegen. Das erste Etagenhaus entstand hier bereits 1869, bevor die Straße angelegt wurde. Noch heute prägen vor allem Gründerzeitbauten die mit vielen Cafés und kleinen Geschäften sehr belebte Straße (Abb. 6).

3 EHEMALIGE BRAUEREI VON JULIUS GERTIG, GERTIGSTRASSE 40

„Wer diese Biere trinkt, wird steinalt werden!“ So lautete der Werbeslogan für Gertigs Brauerei, die sich auf dem Gelände des Möbelhauses nicht weit vom Brauhaus im heutigen Geibelstraßenquartier befand. Beide Betriebe bezogen ihr Brauwasser vermutlich aus derselben eiszeitlichen Quelle. In das Geschäft mit dem Bier war Gertig 1884 eingestiegen. Er kaufte die „Bostelmann'sche Brauerei“ in Eilbek, die er drei Jahre später zwischen den Osterbekkanal und die Gertigstraße 38–46 und damit mitten in ein entstehendes Wohnquartier verlegte. In Gertigs Lokal „Mühlenkamp“ wurde ausschließlich das in Eigenproduktion gebraute Bier ausgeschenkt. Seine Bierführer lebten zum Teil in unmittelbarer Nähe zu ihrem Arbeitsplatz, in der Gertig- und in der Geibelstraße. Ihren Arbeitgeber müssen sie sehr geschätzt haben, denn als Gertig starb, sammelten sie Geld für einen besonders kostbaren Kranz. Nach Gertigs Tod erwarb die oHG „Fiedler, Luis & Co.“ die Brauerei und führte sie als „Union Brauerei Aktiengesell-

7+8 „GERTIG-BURG“ (1909) UND BUNKER FORSMANNSTRASSE (ABGEBROCHEN)

schaft“ bis 1910 weiter. Gertig selbst soll sein Gebräu übrigens nie getrunken haben. Vielleicht hätte er ansonsten das für damalige Zeiten schon stattliche Alter von 77 Jahren noch überschritten …

Von dem roten Backstein-Fabrikbau sind leider nur einige weiß getünchte Gebäudereste erhalten.

Wir überqueren die Gertigstraße, um in die Forsmannstraße zu gelangen. Die markanten Gebäude Gertigstraße 27–31 und Forsmannstraße 2–4 mit der unverputzten neugotischen Backsteinfassade wurden um 1900 errichtet und stehen unter Denkmalschutz (Abb. 7). In die Gertigstraße 31 zog 1920 die Firma „A. Krüss“, ein traditionsreiches Hamburger Unternehmen für optische Messinstrumente und physikalische Geräte, das noch heute in Alsterdorf produziert.

In der Forsmannstraße 10 befand sich ein Hochbunker aus dem Jahr 1943, der 860 Menschen Schutz vor den Luftangriffen geboten hatte (Abb. 8). 2014 wurde er trotz Denkmalschutz abgebrochen.

4 SCHULE FORSMANNSTRASSE, FORSMANNSTRASSE 32/34

Bereits 1912 war die Erschließung und Bebauung des Gebiets zwischen Barmbeker Straße und Mühlenkamp als kleinbürgerliches Wohnquartier abgeschlossen. Da hier vor allem Familien mit vielen Kindern lebten, hatten bereits 1908 die Bauarbeiten für eine erste Schule begonnen, die 1910 eröffnet wurde. Der Architekt war Albert Erbe, der zwischen 1901 und 1911 für die Hamburger Baudeputation arbeitete. Während dieses Jahrzehnts schuf er bedeutende Staatsbauten wie das Museum für Völkerkunde oder die Navigationsschule oberhalb der Landungsbrücken, das heutige Seewetteramt. Einen Schwerpunkt seiner Arbeit bildete der Schulbau, in allen Stadterweiterungsgebieten entwarf er neue Schulhäuser.

Die pädagogischen Reformideen, die seit der Jahrhundertwende Eingang in das Hamburger Schulwesen fanden, sollten sich auch in den Schulbauten widerspiegeln. Daher wurde 1903 ein Schulbauprogramm veröffentlicht, das der Architektur bei der Bildung der jungen Men-

9 SCHULE FORSMANNSTRASSE (1910)

schen eine besondere Rolle beimaß. Waren die in den 1880er Jahren entstandenen Schulgebäude zumeist sehr schlicht, so stieg die architektonische Qualität nach 1900 erheblich. Erbe orientierte sich bei der Fassadengestaltung an der Tradition des barocken Bürgerhauses. Die Schule Forsmannstraße wurde als Putzbau ausgeführt, auffällig ist die offene Eingangsvorhalle (Abb. 9). In dem Gebäude befanden sich ursprünglich eine Mädchen- und eine Jungenschule, daher gibt es zwei Eingänge. 1920 wurde in der Forsmannschule als einer der ersten Hamburger Schulen die Koedukation eingeführt, die die Nationalsozialisten jedoch sofort wieder beendeten. Während des Krieges entstand unter dem Schulhof ein Bunker, nach Kriegsende waren Flüchtlinge in dem Schulgebäude untergebracht. Nachdem in den folgenden Jahrzehnten der Unterricht aufgrund hoher Schülerzahlen in sehr beengten Verhältnissen stattgefunden hatte, wurde die Forsmannschule 1980 zur reinen Grundschule. Seit 2007 ist die Schule zertifizierte „Schmetterlingsschule“. Diese Bescheinigung erhalten Schulen, die sich der Begabtenförderung verschrieben haben. Das Besondere ist, dass an der Forsmannschule alle Schüler zu selbstgewählten Forschungsprojekten angeregt werden.

5 EVANGELISCH-LUTHERISCHE BODELSCHWINGH-KIRCHE, FORSMANNSTRASSE 17

In den 1950er und 1960er Jahren gab es in Hamburg einen ausgesprochenen Kirchbauboom. Nicht nur in Hamm oder Horn wurde im Auftrag der

Kirche gebaut, auch weniger stark zerstörte Stadtteile und Zwanziger-Jahre-Siedlungen wie die Jarrestadt oder Dulsberg erhielten neue Gotteshäuser. Gründe waren eine anders als heute günstige finanzielle Situation der Kirche und der Wunsch, kleinere und damit überschaubarere Gemeinden zu schaffen. Außerdem hatte der im Vergleich zu der Zeit vor dem Nationalsozialismus geschwundene Einfluss der Sozialdemokratie bei den Menschen den Wunsch nach anderen gemeinschaftlichen Bezugspunkten entstehen lassen.

Vom Feuersturm, der infolge der alliierten Luftangriffe im Juli 1943 entfacht wurde, blieb der Stadtteil Winterhude verschont, etwa vierzig Prozent der Bebauung wurden aber durch Sprengbomben zerstört. Eines der frei gewordenen Grundstücke bot nach dem Krieg Platz für eine Kirche, die bereits vor dem Zweiten Weltkrieg hatte entstehen sollen. Es vergingen dann allerdings noch siebzehn Jahre, bis 1962 die Bodelschwingh-Kirche eingeweiht werden konnte. Die Architekten waren die Hamburger Brüder Gerhard und Dieter Langmaack, die zeitgleich die St.-Nikolai-Kirche am Klosterstern realisierten. In die Baulücke platzierten sie einen zweigeschossigen Kubus, dessen Fassade aus Mosaikfliesen in Grau, Weiß und Hellblau eine Besonderheit darstellt (Abb. 10). Den Entwurf lieferte der Künstler Franz Porsche. Der Gottesdienstraum befindet sich im ersten Stock. Licht erhält er durch das ovale, von Anna Andersch gestaltete Fens-

10+11 BODELSCHWINGHKIRCHE: FASSADE UND INNENRAUM

ter und die seitlichen, bleiverglasten Fensterbänder (Abb. 11). Das vorkragende Obergeschoss ist auf Stahlrohren aufgeständert, die eine Kolonnade bilden, wodurch sich der Kirchbau zur Forsmannstraße hin öffnet (Abb. 12). Ungewöhnlich ist, dass der Backstein-Turm mit sichtbarer Stahlbetonkonstruktion nicht wie bei anderen Kirchen der Zeit als Campanile, also freistehend, ausgeführt wurde, sondern unmittelbar an das Kirchenschiff anschließt.

12 BODELSCHWINGHKIRCHE (ZEICHNUNG VON 1983)

Die Bodelschwingh-Kirche ist ein Beispiel für die große Vielfalt in Grundriss, Form, Fassade und Material der in den Jahrzehnten nach dem Krieg errichteten Kirchen. Der Zulauf, den die Kirchen in der Nachkriegszeit erfuhren, ist längst vorbei, die Zahl der Gottesdienstbesucher nahm auch in der Bodelschwingh-Kirche immer weiter ab. Seit einiger Zeit gehört sie gemeinsam mit der Heilands- und der Matthäuskirche zur Evangelisch-Lutherischen Kirchengemeinde Winterhude-Uhlenhorst. Jeweils am letzten Tag des Monats und zu Heiligabend finden in der Bodelschwingh-Kirche noch Gottesdienste statt. Ansonsten wird der Gottesdienstraum inzwischen von der Stiftung Bodelschwingh genutzt, die in den Bereichen ambulante Pflege, Jugendsozialarbeit, Behindertenhilfe und Hospizbegleitung sehr aktiv ist.

Wir biegen rechts in die Peter-Marquard-Straße ein und gelangen zum Schinkelplatz. Diesen Namen findet man in keinem Stadtplan, der Platz erhielt ihn durch die angrenzende Schinkelstraße.

6 EHEMALIGE TRABRENNBAHN, SCHINKELPLATZ

„An die Plätze! Eins, zwei, ab!" Dieser Startruf ertönte hier fünfzehn Jahre lang, von 1886 bis 1901. Damals befand sich auf dem Gelände zwischen Mühlenkamp und Gertig-, Geibel- und Semperstraße eine Trabrennbahn, die auf die Initiative von Julius Gertig und dem Pächter des „Mühlenkamp", Emil Schwormstädt, zurückging. Wo zuvor Kühe geweidet hatten, ließen sie ein 870 Meter langes Geläuf aus Schlacken, eine Holztribüne, Ställe und ein kleines Restaurant errichten. Trotz der bescheidenen Ausstattung konnte die Pferdesportanlage mit renommierten Rennbahnen wie der Bahrenfelder oder der Anlage in Berlin-Weißensee konkurrieren. Wo sich heute der idyllische Schinkelplatz befindet, ging es damals lebhaft und zuweilen rau zu. Die Besucher feuerten die Pferde (Abb. 13) mit „Loop to!"-Rufen an und zeigten offen ihren Unmut, wenn Fahrer versuchten zu betrügen oder Bahnrichter unaufmerksam waren.

Die Schließung der Rennbahn erfolgte vor allem auf Betreiben des „Berliner Trabrenn-Vereins", der die Hamburger Konkurrenz fürchtete und an Einfluss gewonnen hatte.

Ein weiterer Grund war der Platzbedarf der wachsenden Stadt. 1905 erwarb der Bodenspekulant Simon Klemperer das Gelände der Trabrennbahn, parzellierte es und verkaufte es binnen kurzer Zeit. In den folgenden Jahren konnten die Mieter der angrenzenden Straßen dem raschen Wachsen eines Wohnviertels zusehen. Rund um den 1908 angelegten Schinkelplatz entstanden fünfgeschossige Mietshäuser

13 AMERIKANISCHES RENNPFERD POLLY AUF DER TRABRENNBAHN (ZEICHNUNG UM 1888)

14+15 DAS „PLANSCHBECKEN" AM SCHINKELPLATZ (2006) UND DER PLATZ MIT GANESH-SCHREIN

in Schlitzbauweise, so nennt man Geschossbauten mit rückwärtigen Flügeln, die an schmalen, tiefen Freihöfen liegen, in die meist nur wenig Licht dringt. Auf diese Weise konnten die Grundstücke optimal ausgenutzt werden, was den Eigentümern den größtmöglichen Gewinn sicherte, für die Mieter jedoch schlechte Wohnbedingungen bedeutete, denn die Küchen samt Kammer lagen oft an den Schlitzen. Die Häuser wurden als Drei- und zum Teil als Vierspänner errichtet, das bedeutet, auf jeder Etage befinden sich drei bis vier Wohnungen. Hier zogen vor allem Arbeiter, Handwerker und kleine Gewerbetreibende ein.

Von Kriegszerstörung weitgehend verschont, zählt das Quartier heute zu einem der beliebten gründerzeitlichen Viertel Hamburgs. Der von verkehrsberuhigten Straßen umgebene Platz erhielt 2003 im Zuge einer Umgestaltung einen neuen kleinen Pool für Kleinkinder (Abb. 14), neue Spielgeräte und Bänke sowie eine Streetball-Fläche. Den Anwohnern bietet er die Möglichkeit, draußen zu sitzen, ohne konsumieren zu müssen.

Eine Besonderheit ist der rot-weiße Schrein am Rande des Platzes, in der Nähe der Preystraße. Er beherbergt eine künstlerische Plastik, die den Elefantengott Ganesh darstellt. Dieser gilt den Hindus und Buddhisten als Gott der Klugheit und der Toleranz und wurde 1990 von einer nepalesischen Familie gestiftet, als Dank dafür, dass ihr Sohn Facharzt in Hamburg geworden war (Abb. 15).

Wir biegen links in die Schinkelstraße, rechts in die Preystraße und gelangen zum Mühlenkamp.

JULIUS GERTIG

„Alle seine Freude und Lust bestand darin, Thaler immer auf Thaler zu häufen …", so heißt es in einem Nachruf des „Hamburger Anzeigers". Als Julius Gertig am 22. Januar 1898 im Alter von 77 Jahren starb, hinterließ er seinen vier Kindern ein Vermögen von fünf Millionen Mark. An Gertigs Beerdigung nahmen nicht nur seine Familienangehörigen, sondern auch seine Brauerei-Arbeiter und zahlreiche Bürgerschaftsabgeordnete sowie Vorsitzende und Mitglieder Hamburger Vereine teil. Betrauert wurde der Verlust eines Menschen, dessen Leben von einem beinahe grenzenlosen Tatendrang bestimmt war.

Begonnen hatte alles mit einem Lotteriegeschäft, das Gertig 1843 am Großen Burstah eröffnete. Die Tätigkeit als „Lotterie-Collecteur" verhalf dem aus einfachen Verhältnissen stammenden Unternehmer zu dem Kapital, das er brauchte, um vierzehn Jahre später gemeinsam mit seinem Schwager ein Gasthaus am Mühlenkamp, das „Mühlenkamp", zu erwerben.

Doch Gertigs Engagement blieb nicht auf Winterhude beschränkt. Nach dem Ausbau des „Mühlenkamp" zu einem Publikumsmagneten, dem Bau der Gertig- und der Geibelstraße, der Einrichtung der Pferderennbahn am Schinkelplatz und dem Betrieb der Brauerei in der Gertigstraße startete er Ende der 1880er Jahre einen weiteren Coup: In der Straße Große Bleichen eröffnete er mit „Gertigs Feensaal", dem späteren „Trocadero", ein Tanzlokal, dessen Saal im Licht gewaltiger elektrischer Kronleuchter und Bogenlampen erstrahlte. Sein letztes Lebensjahrzehnt verbrachte der umtriebige Mann, der den Beina-

JULIUS GERTIG
(1821–1898)

men „der Sparsame“ trug, standesgemäß in der „Villa Gertig“ in der Straße Bellevue mit Blick auf die Außenalster. Sein Lieblingsort aber war wohl die Badeanstalt, die er Ende der 1880er Jahre gleichfalls in den Großen Bleichen übernommen hatte. Hier ließ sich unter seinem Porträt folgender Spruch lesen, der vermutlich sein Lebensmotto war: „Wißt Ihr, worin der Witz des Lebens liegt? Seid lustig! Geht es nicht, so seid vergnügt. Seid Euch nur selbst getreu, und was die Menschen meinen, das sei Euch einerlei.“

7 GERTIGS „MÜHLENKAMP“, MÜHLENKAMP 34

Wirft man einen Blick auf die Winterhude-Karte von 1867 (Abb. 16), so findet man im Süden des heutigen Stadtteils nur wenige Gebäude verzeichnet. Sie konzentrieren sich rund um den Mühlenkamp. Eines davon war das „Mühlenkamp“, das Gertig 1857 als kleines Reetdachhaus kaufte und nach und nach zu einem riesigen Ausflugslokal ausbaute. Damals wie heute zog es die Menschen am Sonntag an die Elbe oder die Alster, um der Enge der Stadt zu entfliehen. Das Geschäft mit dem Ausflugstourismus florierte, und so entstanden in jener Zeit in den Dörfern und Vororten vor den Toren Hamburgs zahlreiche Gasthäuser. Befördert wurde das Vergnügen durch die Alsterschifffahrt, die 1859 ihren Linienverkehr aufnahm. Die nächstgelegene Haltestelle zum „Mühlenkamp“ befand sich an der Grenze zu Uhlenhorst, wo der Osterbekkanal in die Außenalster mündet (Abb. 17). Hier errichtete Gertig im selben Jahr eine hölzerne Brücke, die Mühlenkampbrücke, damit die Ausflügler sein Lokal

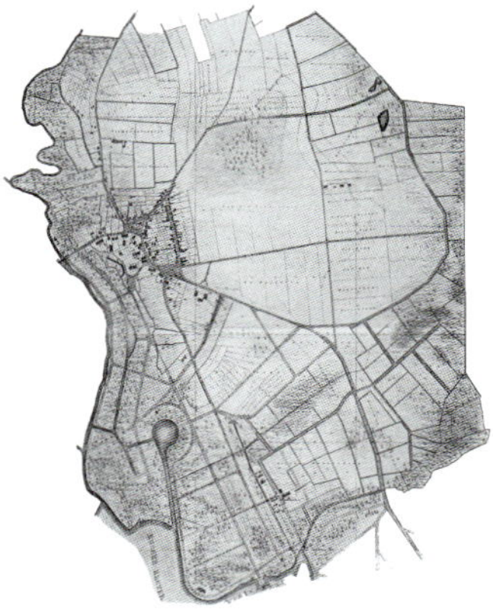

16 KARTE VON WINTERHUDE (1867)

auch zu Fuß, mit der Kutsche und ab 1880 mit der Pferdebahn erreichen konnten. Damit nicht genug, legte Gertig einen Stichkanal an, der vom Osterbekkanal bis unmittelbar an sein Vergnügungslokal führte. Nun konnten die Gäste in den Sommermonaten mit Booten direkt an das „Mühlenkamp" heranrudern und im Winter auf Schlittschuhen über das Eis kommen.

Der Weg lohnte sich, Gertigs Etablissement sprengte die Dimensionen anderer Gasthäuser bei Weitem. Es hatte allein drei Säle für Familienfeste und Bälle und verfügte über einen Billardraum sowie eine Kegelbahn. Der große Garten reichte bis an die Geibelstraße heran. Mit Rutschbahn, Schaukeln, Wippen, Karussell und Turngeräten war er auch für die Kinder eine Attraktion (Abb. 18). Für zusätzlichen Besucherandrang sorgte sicherlich die Eröffnung der Pferderennbahn in der Nachbarschaft.

Das „Mühlenkamp" überdauerte Gertigs Leben. Im Jahr 1900 sprach Rosa Luxemburg vor 700 Menschen in dem von ihm gegründeten Ausflugslokal. Aus diesem Grund sollte hier Anfang des 21. Jahrhunderts eine Gedenktafel für die bedeutende Kommunistin aufgestellt werden, was der Grundstücksbesitzer jedoch ablehnte. In den 1920er Jahren wurde das „Mühlenkamp" durch ein Kino erweitert, in der Nachkriegszeit bis zur Schließung 1961 war es dann nur noch ein Kino. 1978 wurde das Gebäude abgebrochen und in den

17+18 FÄHRANLEGER MÜHLENKAMP (1920ER JAHRE) UND
WERBUNG FÜR GERTIGS „MÜHLENKAMP" (1880)

1980er Jahren durch einen schlichten Bau ersetzt, dessen Fassade im Erdgeschoss die für die Zeit der architektonischen Postmoderne typischen glatt polierten, rot-braunen Wandplatten zeigt.

19 MÜHLENKAMP MIT HALTESTELLE (1910)

Wir gehen den Mühlenkamp weiter Richtung Goldbekplatz. Bis 1976 verkehrte hier die Straßenbahn (Abb. 19). Der Hamburger SPD-Senat kippte 2011 das Projekt einer Wiederaufnahme durch die Stadtbahn und beschloss stattdessen den Ausbau der Metrobuslinien mit zusätzlichen Spuren. Im Sommer 2015 wurden am Mühlenkamp die Umbaumaßnahmen für das Busbeschleunigungsprogramm beendet. Sie hatten zu Protesten der Anwohner und Gewerbetreibenden geführt, die selbst nach dem Ende der Arbeiten noch anhielten.

Der Mühlenkamp ist eine beliebte Einkaufsstraße, die auch Menschen aus anderen Stadtteilen anlockt. Gerade am Samstag kommen viele Besucher hierher, um auf dem Wochenmarkt am Goldbekkanal einzukaufen und anschließend am Mühlenkamp einzukehren. Möglichkeiten dazu gibt es genug, denn in den vergangenen fünfzehn Jahren ist die Zahl der Cafés und Restaurants sprunghaft angestiegen.

Wir überqueren die Straße und gehen auf den ehemaligen Fabrikhof der Firma „Rieck & Melzian“. Glücklicherweise hat sich das historische Pflaster erhalten, gemeinsam mit der ehemaligen Maschinenfabrik verleiht es diesem Ort seinen besonderen Charme.

8 MÜHLENKAMPKANAL, FABRIKGEBÄUDE DER FIRMA „O. RIECK & A. H. MELZIAN“, GOLDBEKPLATZ 2, BÜROGEBÄUDE, GOLDBEKPLATZ 3

Der Mühlenkampkanal verläuft parallel zum Mühlenkamp, er wurde in den 1860er Jahren als Verbindung zwischen dem Goldbek- und dem Osterbekkanal angelegt. An den Kanälen siedelten sich ab dem letzten Drittel des 19. Jahrhunderts zahlreiche Industriebetriebe an, denn die Waren und Rohstoffe wurden zu damaliger Zeit vor allem über den Wasserweg zum Hamburger Hafen transportiert (vgl. Rundgang „Von der Jarrestadt bis Kampnagel“). Die Industrialisierung Winterhudes erfolgte parallel zur Entwicklung als Wohnviertel. Das sicherte kurze Arbeitswege, hatte aber den Nachteil, dass die Bewohner in unmittelbarer Nachbarschaft zu chemischen Fabriken wie der Asbest- und Gummifabrik „Calmon“ in der Dorotheenstraße oder der Chemiefabrik „Beit und Philippi“ zwischen Mühlenkamp und Dorotheenstraße leben mussten. Letztere bildet übrigens die Grenze zu dem feineren Teil von Winterhude-Süd. Aufgrund der Nähe zur Außenalster wurden hier vor allem Villen errichtet.

Das Fabrikgebäude der Firma „O. Rieck & A. H. Melzian“ entstand 1908 am Mühlenkampkanal. Das Unternehmen stellte hier bis 1990 Maschinen zur Blechbearbeitung her, zu dem Zeitpunkt waren die anderen Industriebetriebe längst aus Winterhude verschwunden. In den 1990er Jahren stellte sich heraus, dass das Grundwasser in der Nähe der alten Maschinenfabrik massiv mit chlorierten Kohlenwasserstoffen belastet ist. Versuche, den Schaden zu sanieren, haben bislang noch nicht zu einer wesentlichen Reduzierung der Schadstoffkonzentration geführt.

In dem linken fünfgeschossigen Gebäudeflügel war der Fertigungstrakt untergebracht. Die einzelnen Geschosse wurden vom Hof aus über einen Aufzug beschickt. Charakteristisch für einen Fabrikbau jener Zeit sind vor allem die großen rechteckigen Fenster mit Eisenrahmen. In dem Anbau rechts daneben befanden sich die Büroräume des Unternehmens, was sich auch an der unterschiedlichen Fassadengestaltung ablesen lässt.

1994 hat das Hamburger Architekturbüro Pysall Stahrenberg & Partner (PSP) das schöne Gebäude denkmalgerecht saniert und ist selbst dort eingezogen. Errichtet haben die Architekten auch die beiden anschließenden Bürogebäude (Abb. 20). Das mittlere Gebäude orientiert sich in der Fassadengestaltung an der alten Maschinenfabrik, statt des Backsteins haben die Architekten aber Schiffssperrholz gewählt. Freier in der Gestaltung

20 GOLDBEKPLATZ 3

ist das Bürohaus am Goldbekplatz 3. Es hat eine Alu-Fassade in Pfosten-Riegelkonstruktion mit raumhoher Verglasung erhalten. Im Rückgriff auf das mittlere Gebäude wurde auch hier Schiffssperrholz als Fassadenelement gewählt. Insgesamt ist dem Architekturbüro PSP eine überzeugende Verbindung von Alt- und Neubau gelungen.

Wir überqueren nun den Goldbekkanal. Einen guten Überblick über das Zusammenspiel der drei Gebäude erhält man, wenn man von der 1913 errichteten Moorfurthbrücke auf das Ensemble schaut.

Nach wenigen Metern biegen wir links in den Goldbekhof.

9 GOLDBEKHAUS, GOLDBEKHOF, FABRIKGEBÄUDE DER FIRMA „SCHÜLKE & MAYR", MOORFURTHWEG 9

Sagrotan kennt jeder, es ist ein Synonym für Desinfektionsmittel wie Tempo für Taschentücher. Entwickelt wurde es Ende des 19. Jahrhunderts von Gustav Adolf Raupenstrauch, einem Mitarbeiter der Winterhuder Firma „Schülke & Mayr", seit 1913 ist es in Deutschland im Handel erhältlich. Bekannt geworden war das Unternehmen allerdings schon vorher, durch die Produktion eines anderen Desinfektionsmittels, Lysol, das gleichfalls auf Raupenstrauch zurückgeht. 1889 gründeten der Kapitän Rudolf Schülke und der Kaufmann Julius Mayr-Bertheau in Winterhude die Firma „Schülke & Mayr", im selben Jahr erwarben sie für 50 000 Goldmark das Patent für die Herstellung von Lysol. Spätestens drei Jahre später war das Mittel in Hamburg allgemein bekannt, denn es wurde während der großen Choleraepidemie 1892 kostenlos an die Bevölkerung verteilt, um eine weitere Verbreitung der Seuche zu stoppen.

Noch größere Bedeutung erhielt das Lysol bei der Kolonialisierung von Teilen Afrikas, Asiens und Südamerikas, denn es half den europäischen Imperialisten, schwere Infektionskrankheiten zu überleben. Bereits 1890 errichtete das Unternehmen in der Kolonie Deutsch-Ostafrika (von 1885 bis 1918 von den Deutschen besetzt) eine Forschungseinrichtung, um die Wirkungsweise von Lysol bei der Bekämpfung von Tropenkrankheiten zu testen. In den folgenden Jahren exportierte „Schülke & Mayr" das Desinfektionsmittel vor allem an den Victoriasee und den Tanganjikasee, hierfür baute die Firma ein Postnetz mit eigenen Briefmarken auf.

Zweifelhaften Ruhm erlangte das Winterhuder Unternehmen auch in der Zeit des Nationalsozialismus. 1941 erhielt es vom „Amt für Schönheit der Arbeit" die Goldene Fahne als „Nationalsozialistischer Musterbetrieb". Auch der Zweite Weltkrieg brachte der Firma Gewinne. Der große Verbrauch von Desinfektionsmitteln in den Lazaretten ließ „Schülke & Mayr" expandieren und neue Zweigstellen in ländlichen Regionen errichten.

Die Fabrik am Goldbekkanal blieb von Bombenangriffen verschont, und so konnte dort nach dem Krieg ohne Unterbrechung noch achtzehn Jahre lang Lysol bzw. das Nachfolgeprodukt Sagrotan hergestellt werden. 1963 verlegte das Unternehmen seine Produktionsstätten nach Norderstedt, wo es auch heute noch – als Teil der französischen „Air-Liquide-Gruppe" – einen Standort hat. Sagrotan wird allerdings seit 1997 von dem britischen Konzern „Reckett Beckiser" hergestellt.

Die ein- und zweigeschossigen ehemaligen Fabrikations- und Lagergebäude und das alte Kopfsteinpflaster entstanden zwischen 1889 und 1900. 1907 folgte das heute weiß gestrichene ehemalige Kontor- und Lagergebäude am Goldbekkanal. 1961 kaufte die Stadt Hamburg das Gelände und vermietete einen Teil der Räume an kleine Handwerksbetriebe und Künstler. Pläne, die Kanäle zuzuschütten und eine Schnellstraße durch Winterhude zu bauen, wurden glücklicherweise nicht realisiert. Engagierten Winterhuder Bürgern ist es zu verdanken, dass aus dem ehemaligen Verwaltungsgebäude 1981 ein Kulturzentrum wurde, das als „Goldbekhaus" längst über die Stadtteilgrenzen hinaus einen Namen hat (Abb. 21). Sie waren es auch, die einen

Abbruch der Gebäude verhinderten, als Mitte der 1980er Jahre festgestellt wurde, dass der Chemiebetrieb böse Spuren hinterlassen hatte. Boden und Grundwasser rund um den ehemaligen Fabrikhof waren mit Phenolen, Kresolen und Xylenolen belastet. Auch in Teilen der Gebäude konnten Schadstoffe nachgewiesen werden, was einer Erweiterung des „Goldbekhauses“ im Weg stand. Die Stadt Hamburg entschloss sich, in einem sehr aufwendigen Verfahren den Boden auszutauschen und anschließend die Hoffläche wiederherzustellen. Außerdem sollten Nord- und Ostflügel der Fabrik im Inneren saniert werden. Die Maßnahme erfolgte im Rahmen eines Forschungsprojekts und dauerte bis 1999. Die Firma „Schülke & Mayr“ beteiligte sich nicht an den Kosten von rund dreißig Millionen DM, förderte aber immerhin zehn Jahre lang ein Gastatelier für Künstler. Neben diesem Atelier, dessen Nutzung auf jeweils ein Jahr befristet ist, gibt es noch siebzehn weitere Atelierräume, die von Bildhauern, Malern, Schriftstellern oder Fotografen gemietet werden können. Sie gehören zum Nutzungskonzept, das der 1992 gegründete Förderverein „Goldbekhof e.V.“ entwickelte.

21 GOLDBEKHAUS

Der einstige Fabrikhof der Firma „Schülke & Mayr“ steht seit 1982 als Beispiel für einen Fabrikbau der wilhelminischen Ära und Zeugnis der Hamburger Industrie im Zeitalter des Imperialismus unter Denkmalschutz.

Die graue Glasfassade, die vom Goldbekhof aus zu sehen ist, gehört übrigens zu einem Bürohaus, das der Architekt Hadi Teherani 2005 zwischen Moorfurthweg und Dorotheenstraße für den Jahreszeiten Verlag baute. Es bleibt abzuwarten, ob das Gebäude sich als ähnlich langlebig erweisen wird wie die rund einhundert Jahre alten Wohn- und Fabrikbauten des Mühlenkamp-Viertels, die sich trotz sozialen Wandels und veränderter Arbeitswelt noch heute nutzen lassen.

CAFÉS / RESTAURANTS

Café Canale
Poelchaukamp 7
www.cafecanale.de
→ *Kaffee und Kuchen werden auch ans Boot serviert*

Café Milou
Poelchaukamp 19
→ *Mittagstisch, Quiches und selbst gebackener Kuchen*

Caffè 42
Mühlenkamp 42
www.caffe42.de
→ *sehen und gesehen werden am Mühlenkamp*

Café FrohleiN
Mühlenkamp 48
www.frohlein-hamburg.de
→ *Croissants, Sandwiches, Waffeln und andere Snacks*

Café Stadtgeflüster
Gertigstraße 29
www.cafe-stadtgefluester.de
→ *nettes Café mit preiswertem Mittagstisch*

Chapeau!
Grill & Bar
Moorfurthweg 9
www.chapeau-restaurant.com
→ *Burger und andere Speisen mit Blick auf den Goldbekkanal*

3 Tageszeiten
Mühlenkamp 29
www.3tageszeiten.de
→ *das Restaurant lockt auch Gäste aus anderen Stadtteilen nach Winterhude*

Eiscafé am Poelchaukamp
Poelchaukamp 3
→ *an sonnigen Tagen steht man hier Schlange*

Elbgold
Mühlenkamp 6 A
www.elbgold.com
→ *Café mit eigener Rösterei*

Frau Larsson
Peter-Marquard-Straße 13
www.frau-larsson.de
→ *Café für Liebhaber von schwedischen Spezialitäten*

Köbes
Restaurant & Bar
Schinkelstraße 7
www.koebes-winterhude.de
→ *Kölsch, anderes Bier, kleine und große Speisen*

Marktkaffee
Goldbekplatz 5
www.marktkaffee.de
➜ *schönes Café in einem denkmalgeschützten ehemaligen Toilettenhäuschen*

piu espresso bar
Mühlenkamp 9
www.piu-espressobar.de
➜ *italienische und sardische Spezialitäten*

Ristorante Salentino
Poelchaukamp 1
www.ristorante-salentino.de
➜ *familiär geführtes kleines Restaurant*

Stockholm Espresso Club
Peter-Marquard-Straße 8
www.stockholmespressoclub.de
➜ *kleines, feines Café mit schwedischen Kaffeespezialitäten*

LÄDEN

Buchhandlung am Mühlenkamp
Mühlenkamp 39
www.buch-am-mueh.de
➜ *tolles Buchsortiment am Mühlenkamp*

Bücherkiste
Peter-Marquard-Straße 1
www.karl-feder-bilder.de
➜ *antiquarische Bücher und Kunst*

Ella Boutique
Mühlenkamp 10
www.ellaboutique.de
➜ *Kleidung, Taschen und Accessoires aus Frankreich und Italien*

Fisch Böttcher
Mühlenkamp 17
➜ *frischer Fisch seit 1913*

Glücksmarie
Barmbeker Straße 13
www.gluecksmarie-shop.de
➜ *Stoffe, Schleifen, Bänder, Knöpfe und Kinderkleidung*

Edition Gute Geister
Geibelstraße 42
www.edition-gute-geister.de
➜ *Keramik, Postkarten, Taschen – alles Unikate*

Hund & Katze
Mühlenkamp 4
www.hund-katze.de
➜ *alles für die geliebten Vierbeiner*

Home & Garden
Goldbekplatz 1
www.homeandgarden-hamburg.com
➜ *Möbel und Accessoires, wenn's nicht Ikea sein soll*

INLOVE Winterhude
Gertigstraße 5
www.inlove.hamburg/
→ *trendige Mode für Frauen*

Kanne Junior
Preystraße 1
→ *Markenkleidung für Kinder, außerdem Spielzeug*

Magic. Schmuck & Lifestyle
Gertigstraße 16 A
www.magic-hamburg.de
→ *Schmuckstücke und Accessoires*

Repro Lüdke
Gertigstraße 66
www.repro-luedke.de
→ *Druck- und Kopiertechnik, Layout und feine Papiere*

RS-Möbel
Gertigstraße 40
www.rs-moebel.de
→ *Möbel aus Vollholz*

rundum
Mühlenkamp 11
www.rundum-schwangerschaft.de
→ *Umstands-/Babymode und andere Produkte für das Leben mit Säuglingen*

schön & ehrlich
Gertigstraße 18
www.schoen-und-ehrlich.de
→ *schön, hell, puristisch – skandinavisches und deutsches Design*

Wochenmarkt Goldbekufer
dienstags, donnerstags und samstags zwischen 8.30 und 13 Uhr
→ *Wochenmarkt mit Blick auf den Goldbekkanal*

Xocolaterie Hamburg
Mühlenkamp 3
www.xocolaterie.de
→ *„süße Sünden" aus allen Teilen der Welt*

FREIZEIT / SPORT

ahoiYOGA
Forsmannstraße 8b
www.ahoiyoga.de
→ *verschiedene Yoga-Angebote für Kraft und Ausdauer sowie Entspannung und Gelassenheit*

VfL93 Hamburg
Barmbeker Straße 62
www.vfl93.de
→ *zahlreiche Sportkurse für Kinder, Jugendliche und Erwachsene*

KULTUR

Goldbekhaus e.V.
Moorfurthweg 9
www.goldbekhaus.de
→ *Stadtteilkulturzentrum mit großem Kurs- und Veranstaltungsangebot*

SOZIALES / NON-PROFIT

Ambulanter Hospiz-dienst Winterhude
Forsmannstraße 19
www.bodelschwingh.com
→ *pflegerische und medizinische Leistung in der letzten Lebensphase*

biff
Beratung und Information für Frauen
Moorfurthweg 9 B
www.bifff.de
→ *Beratung, Krisenbegleitung, Kurse und Vorträge für Frauen*

Diakoniestation Ambulante Pflege
Forsmannstraße 19
www.bodelschwingh.com
→ *Pflege und Betreuung zu Hause*

Hude – Jugendsozialarbeit
Gottschedstraße 6
www.bodelschwingh.com
→ *Hilfe für wohnungslose Menschen im Alter von 16 bis 27 Jahren*

Jugendberatungszentrum JBZ
Barmbeker Straße 71
www.bodelschwingh.com
→ *Unterstützung für sozial benachteiligte junge Menschen*

Kita Hansekinder
Mühlenkamp 43
www.kita-hansekinder.de
→ *Kindertagesstätte für Eltern mit besonderen Ansprüchen*

Rasselbande Kinderladen e.V.
Forsmannstraße 22 A
www.krippe-winterhude.de
→ *Krippe für Kinder zwischen zehn Monaten und drei Jahren*

VON DER JARRESTADT BIS KAMPNAGEL 3

U-Bahnhof Saarlandstraße * Versuchssiedlung „Rationell“ * Winterhuder Reformschule / Stadtteilschule Winterhude * „Kranzhaus“ * „Otto-Stolten-Hof“ * Karl-Schneider-Block * Weiterbau der Jarrestadt * Heinz-Gärtner-Brücke / Osterbekkanal * Kampnagel * Medienpark Kampnagel

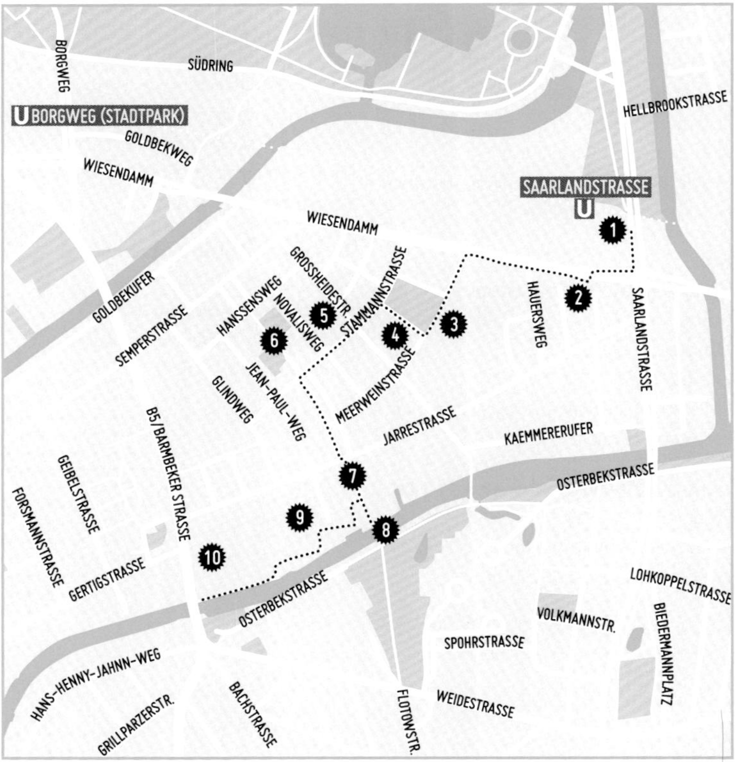

STARTPUNKT: U-Bahn-Station Saarlandstraße (U3)
ENDPUNKT: Barmbeker Straße (Haltestelle Jarrestraße / Kampnagel / Buslinien 172, 173)
DAUER: etwa 1,5 Stunden

Unser Rundgang durch das östliche Winterhude führt durch die Jarrestadt, die in ihrer Einheitlichkeit und Geschlossenheit einen Höhepunkt des Hamburger Wohnungsbaus in den 1920er Jahren markiert. Das Neue Bauen fand hier seine konsequenteste Anwendung im Wohnsiedlungsbau. An ihrer Planung waren bedeutende Hamburger Architekten wie Karl Schneider, Friedrich Ostermeyer, Wilhelm Behrens, Fritz Block & Ernst Hochfeld sowie Fritz Höger beteiligt. Die recht lebhafte Jarrestraße trennt das zehn Hektar große Viertel vom Osterbekkanal, an dessen Ufer sich seit der zweiten Hälfte des 19. Jahrhunderts Industriebetriebe ansiedelten. Einen Eindruck dieser Zeit vermittelt noch heute das Gelände der einstigen Kampnagelfabrik mit der ehemaligen Montagehalle und alten Kränen, wenngleich diese Relikte seit über dreißig Jahren nur noch Industriekulisse für das überaus erfolgreiche Kulturzentrum Kampnagel sind.

1 U-BAHNHOF SAARLANDSTRASSE

Am 1. März 1912 wurde der U-Bahnhof Saarlandstraße als Teil der Ringlinie eröffnet. Die neue Hoch- und Untergrundbahn, die, wie der Name schon sagt, in einem Ring um die Alster führt, sollte auch die Arbeiter in den neuen Wohnquartieren wie Barmbek oder Hammerbrook zu ihren Arbeitsstätten im Hafen befördern. Allerdings stiegen anfangs am U-Bahnhof Saarlandstraße vermutlich nur wenige Fahrgäste ein und aus, denn rund um die Station befand sich weitgehend unbebautes Gebiet. Nur in der Flurstraße, der heutigen Saarlandstraße, standen bereits erste Etagenhäuser. Jedoch änderte sich die Situation schon zwei Jahre später, als Besucher das neue Verkehrsmittel nutzten, um zum 1914 eingeweihten

1 U-BAHNSTATION "STADTPARK" (1930, HEUTE "SAARLANDSTRASSE")

Stadtpark zu gelangen. Und mit dem Bau der Jarrestadt 1929 kamen dann auch die Arbeiter, die mit der Ringbahn zu ihren Betrieben fuhren.

Ende der 1920er Jahre entstand das heutige zweistöckige Stationsgebäude. Es löste den Vorgängerbau von Franz Jacobsen ab, der zu klein geworden war. Um das nun deutlich erhöhte Verkehrsaufkommen aufzufangen, wurde auch ein zweiter Bahnsteig eingerichtet. Die Pläne für das neue Eingangsgebäude lieferte der Hamburger Architekt Walther Puritz, worauf eine Inschrift auf den hellgelben Wandfliesen hindeutet. Puritz hatte drei Jahre zuvor auch die gestufte Bahnsteigbrücke am Bahnsteigende der Haltestelle Kellinghusenstraße entworfen. Während diese das Neue Bauen erkennen lässt, errichtete er das Stationsgebäude Saarlandstraße im Heimatstil mit Walmdach und Sprossenfenstern. Letztere sorgen als Oberlichtreihen für Helligkeit in den Treppenaufgängen. Die Schaltereinbauten sind leider nicht mehr erhalten (Abb. 1).

Die Saarlandstraße ist übrigens erst seit 1970 Namensgeberin der Station, die in den ersten Jahren „Flurstraße“ hieß und 1924 in „Stadtpark“ umbenannt wurde.

Wir folgen der Saarlandstraße in südlicher Richtung und biegen rechts in den Wiesendamm, nachdem wir ihn überquert haben. Die erste Querstraße auf der linken Seite ist die Groothoffgasse.

2 VERSUCHSSIEDLUNG DER REICHSFORSCHUNGSANSTALT FÜR WIRTSCHAFTLICHKEIT IM BAU- UND WOHNUNGSWESEN ZWISCHEN SAARLANDSTRASSE UND HAUERSWEG

Die 1920er Jahre waren in vielerlei Hinsicht eine Zeit der Experimente und des Aufbruchs: in der Kultur, der Mode, im gesellschaftlichen Leben. Und auch im Wohnungsbau erprobte man neue Konzepte, um der dramatisch gestiegenen Nachfrage nach Wohnraum zu begegnen. Zwischen 1927 und 1931 initiierte und testete die „Reichsforschungsanstalt für Wirtschaftlichkeit im Bau- und Wohnungswesen“, ein Verein mit so prominenten Mitgliedern wie Walter Gropius, Ernst May und Bruno Taut, deutschlandweit neue Wohnungsbauprojekte. Am Rand der Jarrestadt, zwischen Hauersweg und Saarlandstraße, entstand 1929/30 eine Versuchssiedlung mit Zeilenbauten.

2+3 COVER DER FESTSCHRIFT ZUM DREISSIGJÄHRIGEN RATIONELL-JUBILÄUM (1958) UND DER ZEILENBAU SAARLANDSTRASSE 25–29

4+5 GROOTHOFFGASSE 2–10: FASSADE UND TREPPENHAUS IM STIL DER BAUZEIT

Bauherr war die Wohnungsgesellschaft mit dem programmatischen Namen „Rationell“, die als Mitglied der „Frank-Gruppe“ noch heute Eigentümerin der Bauten ist (Abb. 2). Das Ziel war, unterschiedliche Bauweisen und Haustypen in der gebauten Praxis miteinander zu vergleichen. Die Siedlung entstand nach Plänen von Paul August Reimund Frank (1878–1952), der mit seinem Bruder Hermann die „Gemeinnützige Kleinhausbau Gesellschaft“ gegründet hatte, den Vorläufer der heutigen „Frank-Gruppe“.

Experimentiert wird auch heute wieder im Bauwesen, allerdings vielleicht weniger mit Formen als mit den Möglichkeiten einer klima- und denkmalgerechten Sanierung. Das Gebäude Groothoffgasse 2–10 wurde wie das in der Saarlandstraße 25–29 (Abb. 3) von Karl Schneider (1892–1945) entworfen. Mit Flachdach und horizontalen Fensterbändern ist es der Formensprache des Neuen Bauens verpflichtet. Feuchtigkeit hatte im Lauf der Jahrzehnte zu solch großen Schäden in der Fassade geführt, dass einige Wohnungen nicht mehr bewohnbar waren. 2013 wurde das unter Denkmalschutz stehende Gebäude im Auftrag der Wohnungsgesellschaft „Rationell“ von der „Frank-Gruppe“ saniert. Statt vorgeklebter Klinkerimitate erhielt die Fassade eine Dämmung mit Silikatleichtschaumgranulat. Dies ist ein loser Dämmstoff, der mithilfe einer Einblasmaschine hinter der Außenwand eingebracht wird. Gedämmt wurde auch das Dach, Fenster und Türen sind erneuert worden, wobei die bauzeitliche Gestaltung beibehalten wurde (Abb. 4+5). Diese und weitere Maßnahmen führten dazu, dass der Primärenergiebedarf des Gebäudes um rund siebzig Prozent gesenkt werden konnte.

6+7 LAUBENGANGHÄUSER IN DER GROOTHOFF- UND DER GEORG-THIELEN-GASSE

Die Sanierung war Teil des Co2olBricks-Programms, eines EU-Projekts, das 2012 von acht Ostseeanrainerstaaten und Weißrussland unter der Führung des Hamburger Denkmalschutzamtes mit dem Ziel ins Leben gerufen wurde, das historische Erbe der Backsteinarchitektur mit den heutigen Anforderungen des Klimaschutzes in Einklang zu bringen.

Weiter geht es, vorbei an den Laubenganghäusern in der Groothoffgasse 1–3 und der Georg-Thielen-Gasse 2–4 (Abb. 6). Beide entstanden nach Entwürfen von Paul August Reimund Frank, der in Zusammenarbeit mit seinem Bruder Hermann zuvor Laubenganghäuser in Dulsberg errichtet hatte. Die kleinen Wohnungen werden durch offene Gänge, Laubengänge, erschlossen (Abb. 7). Laubenganghäuser eigneten sich besonders gut für den Massenwohnungsbau, denn mit ihnen ließen sich Treppenhäuser und damit Baukosten sparen.

Wir folgen dem Wiesendamm und biegen links in die Meerweinstraße.

3 WINTERHUDER REFORMSCHULE / STADTTEILSCHULE WINTERHUDE MEERWEINSTRASSE 26–28

„Licht und Luft strömen von allen Seiten in diesen Glaspalast", schrieb das „Hamburger Echo" am 19.7.1930 anlässlich der Einweihung der Schule, die zeitgleich mit der Jarrestadt fertiggestellt wurde. Die Fassade

8 MEERWEINSCHULE IN DER JARRESTADT

des Fritz-Schumacher-Baus besteht vor allem aus Fenstern und dem Stahlbetongerüst, das sich als tragendes Element an der Außenwand ablesen lässt. Der Backstein findet hier nur noch in den Brüstungen Verwendung (Abb. 8+9). Die Schule wird in der Literatur als der Bau bezeichnet, mit dem Schumacher den Formenkanon des Neuen Bauens am konsequentesten umsetzte. Die fortschrittliche Gesinnung zeigte sich nicht nur architektonisch. Gegründet in der Zeit von Massenarbeitslosigkeit und ersten Wahlerfolgen der NSDAP bewahrte die Schule demokratische Werte. So wurde hier die Koedukation erprobt, obwohl der symmetrische Bau den nach Geschlechtern getrennten Unterricht vorsah. Nach 1933 bekämpften die Nationalsozialisten unter dem Motto „Schluss mit der roten Pädagogik“ Schulen wie die Meerweinschule. Nach dem Erlass des sogenannten Berufsbeamtengesetzes im

9+10 MEERWEINSCHULE (1980) UND GÜTERWAGGON ZUM GEDENKEN AN ZWEI DEPORTIERTE LEHRERINNEN

April 1933 mussten zwei jüdische Lehrerinnen, Julia Cohn und Hertha Feiner-Asmus, die Schule verlassen. Julia Cohn wurde in Riga ermordet, Hertha Feiner-Asmus starb auf dem Transport nach Auschwitz. An beider Leben und Wirken erinnern eine Gedenktafel und der Güterwaggon, der 1996 im Rahmen eines Schulprojekts gemeinsam mit zwei Skulpturen aufgestellt wurde (Abb. 10).

Den Krieg überstand das Gebäude unbeschadet, 1979 wurde die Schule Gesamtschule, 2004 auf Initiative von Lehrern und Elternvertretern Reformschule, in der die Schüler jahrgangsübergreifend und nicht mehr im Klassenverband unterrichtet werden.

JARRESTADT

Schlechte Wohnverhältnisse in den Mietskasernen der Gründerzeit, Baustopp während des Ersten Weltkriegs, mehr als eine Million Einwohner: Zu Beginn der 1920er Jahre hatte Hamburg dringenden Bedarf an neuen Wohnungen. Unter Oberbaudirektor Fritz Schumacher entstanden seit 1924 in Stadtteilen wie Barmbek-Nord, Dulsberg, Hamm, Horn oder Veddel Wohngebiete, die wegen der Verwendung des Backsteins heute auch als das „rote Hamburg" bezeichnet werden. Das in gestalterischer Hinsicht einheitlichste Quartier ist die 1929 fertiggestellte Jarrestadt. Hier sind alle Bauten dem Neuen Bauen verpflichtet, während beispielsweise in Barmbek-Nord auch der expressionistische und der traditionalistische Stil anzutreffen sind.

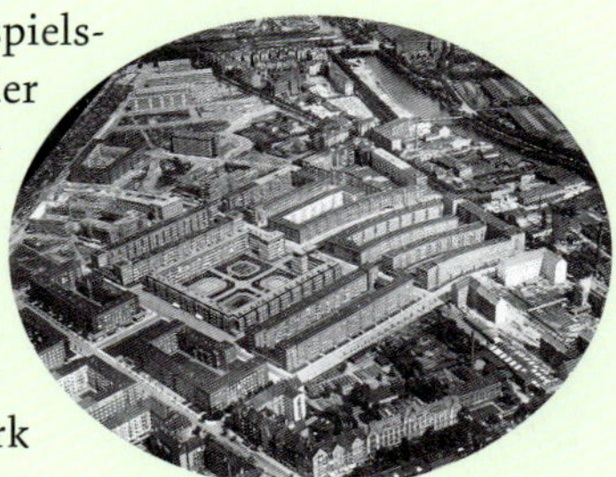

LUFTAUFNAHME JARRESTADT (1930)

Das Gelände zwischen Wiesendamm, Jarrestraße und Semperstraße bot sich aufgrund der Nähe zu Hochbahn und Stadtpark als Wohnquartier an. Aus einem 1926 ausgeschriebenen Wettbewerb gingen zehn Hamburger Architekten hervor, die jeweils einen Block bauen durften. Erster Preisträger war Karl Schneider, zu den weiteren Gewinnern gehörten u. a. Wilhelm Behrens, Distel & Grubitz sowie Puls & Richter. Sie entwarfen vier- bis fünfgeschossige Wohnblöcke in Blockrandbebauung. Begrünte Innenhöfe sollten einen farblichen Kontrast zu dem Rot des Backsteins bilden. Die meisten Balkone befanden sich an der Rückfassade. Unterschiedliche Geschosshöhen wie niedrigere Zwischentrakte oder höher gestaffelte Kopfbauten lockern die Baumassen optisch auf. Letztere verstärken die geschlossene Wirkung des Quartiers, das nicht zufällig bald den inoffiziellen Namen „Jarrestadt" erhielt. Der Name leitet sich von der Jarrestraße ab, benannt nach dem Hamburger Bürgermeister Nikolaus Jarre (1603–1678).

KOPFBAU STAMMANNSTRASSE 18

Für die Menschen, die Ende der 1920er Jahre in die Jarrestadt zogen, waren die Wohnungen ein großer Gewinn. Breite Fenster sorgten für Licht, die Zweispänner-Bauweise – das heißt nur zwei Wohnungen pro Etage – für gute Durchlüftung. Der Fortschritt gegenüber den Wohnbedingungen der gründerzeitlichen Mietskasernen mit ihren schmalen Lichthöfen war immens. Auch im Inneren boten die Häuser viele Vorzüge, so waren alle Wohnungen mit Zentralheizung und einem Bad mit fließend warmem Wasser ausgestattet. Der Komfort hatte allerdings seinen Preis: Vor allem Angestellte, Facharbeiter und

INNENHOF (1930)

Handwerker kamen in seinen Genuss, ein einfacher Arbeiter konnte sich die Miete nicht leisten.

Von den Luftangriffen des Zweiten Weltkriegs blieb auch die Jarrestadt nicht verschont. Da man den städtebaulichen Wert der Siedlung frühzeitig erkannt hatte, wurden nach 1945 die ausgebrannten Gebäude wieder rekonstruiert. Längst steht die Jarrestadt unter Denkmal- und Milieuschutz. Etwa 10 000 Menschen leben hier heute. In die einstigen Ladenlokale sind vor allem Architekturbüros gezogen. Geschäfte und Cafés oder Kneipen, die hier früher für Leben sorgten, gibt es mittlerweile leider nur noch wenige.

4 KRANZHAUS
GROSSHEIDESTRASSE 20–30, MARTIN-HALLER-RING 19–22, MEERWEINSTRASSE 9–13, STAMMANNSTRASSE 20–24

Wir folgen der Meerweinstraße und sehen auf der rechten Seite das sogenannte „Kranzhaus", entworfen von Alfredo Puls und Emil Richter für die „Allgemeine Deutsche Schiffszimmerergenossenschaft". Die Lochfassade mit Sprossenfenstern wird durch Treppenhausfensterbänder rhythmisiert (Abb. 13). Namensgeberin des 1930 fertiggestellten Gebäudes ist der Kranz, der die Skulptur in der Großheidestraße schmückt (Abb. 11). Wie aus der Betontafel hervorgeht, soll sie die Braut eines auf See verstorbenen Matrosen darstellen. Einst hatten Schiffszimmerer ihr Standbild zum Gedenken an einem Gebäude auf dem Brook angebracht. Dieses musste 1888 dem Bau der Speicherstadt weichen und wurde 1930 durch das „Kranzhaus" ersetzt. Das Architekturbüro Puls & Richter lieferte die Pläne für ein weiteres markantes Gebäude in Winterhude, eine große Wohnanlage in der Bussestraße.

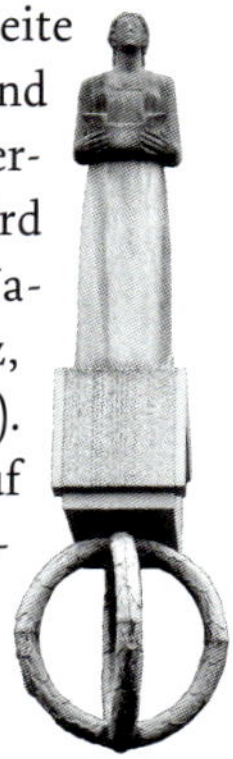

11 SKULPTUR MIT KRANZ

5 OTTO-STOLTEN-HOF
GROSSHEIDESTRASSE 35–47, HANSSENSWEG 22–28, NOVALISWEG 24 A–H, STAMMANNSTRASSE 17–23

An der Ecke Großheidestraße und Stammannstraße befindet sich der Otto-Stolten-Hof, der 1928/29 von Friedrich Ostermeyer (1884–1963) errichtet wurde. Ostermeyer gehörte zu den produktivsten Architekten Hamburgs während der Weimarer Republik, realisierte er doch zwischen 1918 und 1933 allein achtzehn Mehrfamilienhäuser, darunter auch den Friedrich-Ebert-Hof in Bahrenfeld. Der Otto-Stolten-Hof enthielt neben 186 Wohnungen und sechs Läden auch eine Wäscherei als Gemeinschaftseinrichtung (Abb. 14). Wie beim „Kranzhaus" vermitteln auch hier höhere Kopfbauten einen Burg-Charakter. Vorspringende Gebäudeteile gliedern im Novalisweg die Fassade. Die Sprossenfenster sind leider nicht erhalten (Abb. 15). Benannt ist das Gebäude nach dem Sozialdemokraten

12 GEDENKTAFEL OTTO STOLTEN

13+14 KRANZHAUS (1980) UND WÄSCHEREI IM OTTO-STOLTEN-HOF (1929)

15 OTTO-STOLTEN-HOF (1929)

Otto Stolten (1853–1928), der zwischen 1919 und 1925 Senator und Zweiter Bürgermeister Hamburgs war (Abb. 12).

Eine Drei-Zimmer-Wohnung im Otto-Stolten-Hof kostete damals stolze 75 Mark im Monat. Und so schrieb ein Redakteur des sozialdemokratischen „Hamburger Echos“ am 28.9.1928 anlässlich der Eröffnung: „Glücklich der Arbeiter, der nur das Dreifache an Arbeitsverdienst hat. Betriebsarbeiter können also diese Wohnungen nicht beziehen. So geht es nicht. Auf meinem Rückweg kam ich durch Winterhude. Neubau an Neubau, Villen, große Villen. Wohnungsnot. Geldmangel? Fasst an der richtigen Stelle zu, und ihr werdet für die Arbeiterschaft bauen können.“

Wir folgen der Stammannstraße und gelangen zum Kern der Jarrestadt, dem Karl-Schneider-Block.

6 KARL-SCHNEIDER-BLOCK
HANSSENSWEG 10–20, JEAN-PAUL-WEG 22–28, NOVALISWEG 15–31, STAMMANNSTRASSE 9–15

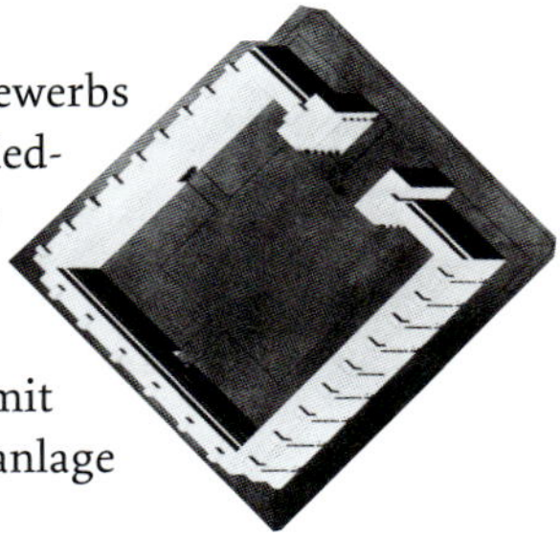

16 MODELLFOTO ZUM KARL-SCHNEIDER-WOHNBLOCK

Als Gewinner des städtebaulichen Wettbewerbs durfte Schneider den zentralen Block der Siedlung entwerfen, dem besonderes städtebauliches Gewicht zukam. Er öffnet sich zur Hauptachse der Jarrestadt, der Hölderlinsallee. Auf diese Weise ist der Innenhof mit dem Stadtraum verbunden, was die Wohnanlage weniger abweisend wirken lässt. Auch hier sorgen die höheren Eckbauten für eine torähnliche Situation (Abb. 19). Im Unterschied zu den lang gestreckten Grundrissen der anderen Bauten liegt dem Schneider-Block ein Quadrat zugrunde (Abb. 16). Die weißen Balkonbänder gliedern die Baumasse horizontal (Abb. 17+18), die schlitzartig verglasten Treppenhausachsen vertikal. Eine Besonderheit sind die sogenannten Negativecken, das heißt die Betonung der Blockecken durch niedriggeschossige Bauten. Der Wohnblock enthielt

17+18 KARL-SCHNEIDER-BLOCK, BLICKE IN DEN INNENHOF (1929)

19 KARL-SCHNEIDER-BLOCK (1929)

ursprünglich Zwei- und Drei-Zimmer-Wohnungen, die zwischen 55 und 75 Quadratmeter groß waren. Ein Blick in das Hamburger Adressbuch von 1931 verschafft einen Überblick über die Bewohnerschaft. Unter den verzeichneten Mietern findet sich ein Arbeiter, ansonsten wohnten im Karl-Schneider-Block vor allem Menschen mit einem kaufmännischen Beruf, daneben Handwerker wie Tischler oder ein Uhrmachermeister, auch zwei Kapitäne waren dabei.

Bauherr des Karl-Schneider-Blocks war die „Wohnhausgesellschaft Raum mbH", die 1927 zum Zwecke der Errichtung von Großwohnhäusern gegründet wurde. Leider ist der Beton vieler der Balkonbrüstungen mittlerweile durch ein anderes Material oder durch Geländer ersetzt worden. Auch die ursprüngliche Einteilung des Innenhofes in vier Zonen ist nicht mehr erkennbar.

NEUES BAUEN

Das Neue Bauen ist die deutsche Variante des Internationalen Stils. Mit diesem Begriff bezeichnet man einen Baustil, der sich seit den 1920er Jahren in Europa durchsetzte und in dem die Gebäude errichtet wurden, die heute zur architektonischen Moderne zählen. Kennzeichen des Internationalen Stils sind einfache kubisch-geometrische Formen, das Flachdach, horizontale Gestaltungsmerkmale wie Fensterbänder, der Verzicht auf ornamentale Applikation und die Vorliebe für weißen Verputz. Wegbereiter waren Gruppierungen wie die niederländische De-Stijl-Bewegung, das Bauhaus und der Architekt Le Corbusier. Die Vertreter des Internationalen Stils wandten sich gegen die Architektur des Historismus und Jugendstils, die sie als rein dekorativ und dem Industriezeitalter nicht angemessen empfanden. Als Vorläufer gilt das Fagus-Werk im niedersächsischen Alfeld, ein kubisches Fabrikgebäude mit vorgehängter Glasfassade, das Walter Gropius 1914 in Stahlskelettbauweise errichtete. Weltweite Verbreitung fand der Internationale Stil, nachdem viele namhafte Architekten im Zuge der nationalsozialistischen Machtübernahme emigrieren mussten. So entstand in Tel Aviv mit der Weißen Stadt ein 4000 Gebäude umfassendes Stadtviertel ganz im Stil der architektonischen Moderne.

In Hamburg hielt das Neue Bauen nach dem Ersten Weltkrieg im Einzelhaus- und vor allem im Geschosswohnungsbau Einzug. Auch in Dulsberg, Barmbek-Nord, Veddel, Hamm und Horn entstanden neue Wohnsiedlungen wie die Jarrestadt, in denen kubische Flachdachbauten dominieren. Oberbaudirektor Fritz Schumacher verband die Formen der Moderne mit dem Material der Tradition, dem Backstein, und machte sie auf diese Weise mit dem Hamburger Stadtbild kompatibel. Architekten wie Ernst und Wilhelm Langloh, die für ihren Wohnblock in der Großheidestraße am Rande der Jarrestadt weiße Putzfassaden favorisiert hatten, konnten sich nicht durchsetzen. Der prominenteste Hamburger Vertreter der neuen Architektursprache war Karl Schneider, der bereits 1923 mit dem Haus Michaelsen in Blankenese eine Villa in kubischen Formen baute und drei Jahre später den Jarrestadt-Wettbewerb gewann. Zeitgleich existierten in Hamburg der Heimatstil und der Expressionismus.

20 HÖLDERLINSALLEE (1929)

Wir folgen jetzt der Hölderlinsallee in östlicher Richtung. Auf dem Grünstreifen in der Mitte der Straße (Abb. 20) fand in der Nachkriegszeit eine Vorform des „Urban Farmings" statt. Hier wie auch im Innenhof des Karl-Schneider-Blocks bauten die Bewohner der Jarrestadt Gemüse an, um die Hungerjahre zu überstehen.

Nach Überqueren der Jarrestraße erreichen wir ein Gebäude, mit dem die Jarrestadt rund siebzig Jahre nach Fertigstellung fortgesetzt wurde.

7 WEITERBAU DER JARRESTADT JARRESTRASSE 24–40, HERTHA-FEINER-ASMUS-STIEG

Schon Fritz Schumacher hatte die Idee, die Jarrestadt bis an den Osterbekkanal zu bauen. Bis in die 1970er Jahre hatten hier allerdings meist kleinere Industrie- und Gewerbebetriebe ihren Standort, die den Woh-

21 ERGÄNZUNG HÖLDERLINSALLEE AUS DEN 1990ER JAHREN

nungsbau verhinderten. Die Trennlinie zwischen Wohnbauten und Fabrikanlagen bildete die Jarrestraße. Von 1909 bis 1981 befand sich hier eine Seifenfabrik, in der „Hamburger grüne Seife“ und Stapellauf-Seife hergestellt wurden. Letztere erleichterte den Schiffen beim Stapellauf das Gleiten aus dem Dock. Ein weiteres Produkt des Unternehmens war Bleicherseife, die beim Bleichen von Wäsche u. a. in den Betrieben an der Ulmen- und Ohlsdorfer Straße zum Einsatz kam (vgl. Rundgang „Vom Winterhuder Marktplatz bis zum Rondeel“). Nachdem die Seifenfabrik 1981 ihren Sitz nach Kaltenkirchen verlagert hatte, setzte sich der Verein Jugendtreff Jarrestadt e.V. für den Erhalt des Gebäudes ein, um hier eine Begegnungsstätte für Jugendliche einzurichten – ohne Erfolg, es wurde Ende der 1980er Jahre abgebrochen.

Das Architekturbüro Patschan, Werner, Winking orientierte sich bei dem Neubau an den kubischen Blöcken der Jarrestadt und verlängerte auf diese Weise die Hölderlinsallee in gestalterischer Hinsicht (Abb. 21). Auch die torartige Überbauung des Zugangs zum Osterbekkanal hat ihre Vorbilder in der architektonischen Betonung von Straßenmündungen in der Jarrestadt.

Wir gehen jetzt durch die Toreinfahrt und gelangen an den Osterbekkanal.

8 HEINZ-GÄRTNER-BRÜCKE, OSTERBEKKANAL

Auf diese Brücke haben die Bürger Winterhudes zwölf lange Jahre warten müssen. Bereits 2001 hatte die Hamburgische Bürgerschaft entschieden,

22+23 HEINZ-GÄRNTER-BRÜCKE UND BLICK AUF DEN OSTERBEKKANAL

dass eine Fußgängerbrücke den Kanal queren sollte, damit die Winterhuder die neue Grünanlage auf der Barmbeker Seite des Kanals schnell erreichen können. Erst 2013 konnte die Heinz-Gärtner-Brücke eingeweiht werden (Abb. 22). Unstimmigkeiten zwischen der Baufirma von Helmut Greve und der Stadt hatten zu der langen Wartezeit geführt.

Namensgeber Heinz Gärtner war ein Winterhuder Sozialdemokrat, der, geboren 1916 in der Peter-Marquard-Straße, von 1949 bis zu seinem Tod 2001 in der Jarrestadt lebte. Während der Zeit des Nationalsozialismus arbeitete er im Untergrund für die SPD und kam dafür anderthalb Jahre in Haft. Die Aufklärung vor allem junger Menschen über die Verbrechen des Nationalsozialismus blieb ihm ein lebenslanges Anliegen, was sich u. a. in seinen Führungen durch die Gedenkstätte des KZ Fuhlsbüttel zeigte.

Die neue Brücke ist nicht nur praktisch, sondern bietet auch einen schönen Ausblick auf den Osterbekkanal, der in der warmen Jahreszeit von vielen Paddel- und Ruderbooten befahren wird. Ursprünglich diente der in den 1860er Jahren angelegte Osterbekkanal (Abb. 23) als Transportweg für die Winterhuder und Barmbeker Industriebetriebe, die sich seit dem letzten Drittel des 19. Jahrhunderts an seinen Ufern ansiedelten. Bis zum Zollanschluss Hamburgs 1888 endete das Gebiet des Deutschen Zollvereins nördlich des Osterbekkanals. Firmen profitierten von dieser Lage, denn sie konnten kurzfristig Waren vom Hamburger Hafen heranschaffen und die fertigen Produkte unverzollt im Deutschen Kaiserreich absetzen. Außerdem waren die Grundstückspreise außerhalb der Akzisegrenze günstiger als in Hamburg.

Der Ausbau der Osterbek zu einem schiffbaren Kanal war eine wichtige Voraussetzung für die Industrialisierung Winterhudes, denn der Warenverkehr erfolgte zu damaliger Zeit vor allem über den Wasserweg. Durch den Osterbekkanal wurde eine direkte Verbindung zum Hamburger Hafen geschaffen. Verantwortlich für den Kanalbau war der Bodenspekulant Adolph Sierich (vgl. Rundgang „Vom Winterhuder Marktplatz bis zum Rondeel").

Wir folgen jetzt einem Weg in nordwestlicher Richtung und gelangen auf den rückwärtigen Teil des Kampnagel-Geländes.

9 KAMPNAGEL, JARRESTRASSE 20

Längst sind die rauchenden Schornsteine aus dem Stadtbild Winterhudes verschwunden. Wo früher gearbeitet wurde, wohnt man heute in begehrter Wasserlage mit Blick auf den Osterbekkanal. Ein Repräsentant der einst zahlreichen Industriebetriebe ist das heutige „Kampnagel-Theater". Es gilt als eines der bekanntesten Hamburger Beispiele für die Umnutzung ehemaliger Fabriken zu Kulturstätten.

VERWALTUNGSGEBÄUDE

Wir halten uns rechts und stehen vor einem großen, hellen Gebäude. Es wurde in den 1950er Jahren als Verwaltungssitz von „Kampnagel" errichtet, nachdem das vorherige im Zweiten Weltkrieg zerstört worden war. Seine Größe deutet darauf hin, dass es dem Unternehmen zu diesem Zeitpunkt wirtschaftlich noch gut ging. Das Gebäude beherbergt auch heute Verwaltungsräume – die des „Kampnagel-Theaters".

Die ersten Gebäude des Eisenwerks „Nagel & Kaemp", 1934 in „Kampnagel" umbenannt, wurden 1875 am Osterbekkanal errichtet. Die Architekten waren Hugo Stammann & Gustav Zinnow, die auch zum Hamburger

Rathausbaumeisterbund gehörten. Nachdem das Unternehmen in den Anfangsjahren Mühlenanlagen hergestellt hatte, verlagerte es in den 1880er Jahren seinen Produktionsschwerpunkt auf Dampfkräne für den Hafenbetrieb. 1891 gelang der Durchbruch mit dem ersten elektrischen Kran der Welt, der gemeinsam mit „Siemens & Halske" entwickelt wurde. Die Hafenkräne des Winterhuder Unternehmens fanden internationalen Absatz.

24 LAUFKATZENKRAN AUF KAMPNAGEL

LAUFKATZENKRAN

Arbeiteten bei Kampnagel 1897 noch 200 Menschen, so waren es vor Ausbruch des Ersten Weltkriegs schon 500. Auch die Zahl der Gebäude auf dem Gelände erhöhte sich. In den 1920er Jahren hielten Ideen des amerikanischen Ökonomen Frederick Winslow Taylor Einzug in die Kampnagelfabrik. Sie sahen die Aufteilung der Arbeitsabläufe in kleinste Schritte vor. Die stärkere Arbeitsteilung führte dazu, dass die Arbeiter an der Produktionsstraße wie Rädchen funktionieren mussten. Außerdem wurden Akkordarbeit und Prämienmodelle eingeführt. In dieser Zeit konnte die Anzahl an Gebäuden reduziert werden. Dafür erhöhte sich die Zahl der Kräne, die die benötigten Teile zu den Stationen ihrer Verarbeitung transportierten. Ein Beispiel für einen solchen Kran ist der sogenannte Laufkatzenkran über unseren Köpfen (Abb. 24). Er ist mittlerweile in einem sehr rostigen Zustand und teilweise hinter Wildwuchs verborgen, wie auch der ehemalige Fabrikhof von Pflanzen überwuchert wird. Dies macht zwar einerseits den besonderen Charme des Ortes aus, andererseits wäre eine Sanierung des Kranes dringend erforderlich.

In den 1930er Jahren ging das Unternehmen an die Börse. Zwischen 1939 und 1945 stellte der Betrieb auf Rüstungsgüter um und beschäftigte

25 KAMPNAGEL, MONTAGEHALLE (1960ER JAHRE)

wie andere Winterhuder Unternehmen auch Zwangsarbeiter. Die Luftangriffe 1943 trafen Kampnagel schwer, nach dem Krieg erfolgte der Wiederaufbau der Hallen 4, 5 und 6, und die Produktion von Kränen wurde fortgesetzt. Bergab ging es, als Ende der 1960er Jahre die Containerisierung des Hafenumschlags einsetzte. Containerbrücken ersetzten nun Portalkräne. Das Unternehmen, das mit dem ersten elektrischen Kran weltweit bekannt geworden war, verlor seinen wichtigsten Absatzmarkt. 1968 musste Kampnagel Konkurs anmelden und wurde an die Kranfabrik „Demag" verkauft. Diese verpachtete die Fabrikanlage an die „Still AG", die hier bis 1981 Gabelstapler herstellen ließ.

MONTAGEHALLE AM OSTERBEKKANAL

In Teilen besteht die 1898 errichtete, backsteinerne Montagehalle noch heute, 1912 wurde sie in östlicher, 1922/23 in westlicher Richtung erweitert.

26 KAMPNAGEL, EHEMALIGE MONTAGEHALLE

Die dreischiffige Halle mit einer Stahlbeton-Konstruktion erinnert an eine Basilika. Die ungewöhnliche und charakteristische Form des gebrochenen Daches erhielt sie aus statischer Notwendigkeit (Abb. 25+26).

Die Arbeit bei „Nagel & Kaemp" fand auch Eingang in die Literatur, nämlich bei Willi Bredel.

WILLI BREDEL

„In der Montagehalle sah es bedeutend finsterer und schmutziger aus. Mitten durch die Halle liefen Schienen, auf denen halbfertige Kräne standen. Unter der Hallendecke hingen Laufkräne, die schwere Eisenteile transportierten. An den Seiten, vor den verschmutzten Fenstern, standen die Werkzeugtische, und in einer angebauten Vertiefung brannten mehrere Schmiedefeuer, wo die Schweißer arbeiteten. Hier war ein Höllenlärm, ein Tosen und Gedröhne. Das durcheinander tönende tiefe und helle Eisenschlagen, der Gleichklang des Schmiedens, das Zischen und Fauchen der Schweißapparate, das Sausen und Schlurren der großen Schleifsteine, das gegenseitige Anbrüllen der Arbeiter, die sich nur so in diesem Lärm verständlich machen konnten, war die so oft angedichtete Sinfonie der Arbeit, in der die Arbeiter von morgens bis abends ihr ganzes Leben lang schufteten und lebten." Den Roman „Maschinenfabrik N & K", dem dieses Zitat entstammt, schrieb Bredel Anfang der 1930er Jahre, als er wegen unliebsamer politischer Artikel zwei Jahre in Festungshaft verbringen musste. Mit dem Buch setzte er dem Werk „Nagel & Kaemp" oder besser dessen Arbeitern ein Denkmal. Bredel kannte den Alltag in der Eisenfabrik, denn er hatte dort seit 1927 als Dreher sein Geld verdient, bis ihn die Werksleitung 1928 entließ. Geboren in Hamburg 1901 als Sohn eines Zigarrenmachers, verlief sein Leben wie das vieler Arbeiterschriftsteller jener Zeit, mit der Besonderheit, dass Bredel das Arbeitsleben aus eigener Anschauung kannte. Den Beruf des Drehers erlernte er in einer Armaturenfabrik, später arbeitete er fast ein ganzes Jahr lang als Maschinist auf einem Frachter. Mit Beginn seiner Berufstätigkeit engagierte sich Bredel politisch und journalistisch für die Belange der Arbeiter. Seinem Roman „Maschinenfabrik N & K" folgte mit „Die Rosenhof-Straße" ein weiterer, der das Leben im Arbeitermilieu zum Gegenstand hatte. Nach der Machtübernahme der Nationalsozialisten 1933 kam Bredel für 13 Monate in die Haftanstalt Fuhlsbüttel. Über diese Zeit schrieb er wenig später das Buch „Die Prüfung", den ersten international beachteten Roman über ein deutsches Konzentrationslager. Es folgten Jahre im Exil und als Soldat. In Moskau war Bredel 1936 neben Bertolt Brecht und Lion Feuchtwanger Mitbegründer der antifaschistischen Zeitschrift „Das Wort". Im Spanischen Bürgerkrieg kämpfte er gegen Franco, und gegen

WILLI BREDEL
(1901–1964)

Ende des Zweiten Weltkriegs setzte er sich mit anderen Exilanten und deutschen Kriegsgefangenen in der Sowjetunion für den Sturz Hitlers ein. Nach dem Krieg lebte Bredel als Schriftsteller und Redakteur in der DDR, wo er 1950 die „Deutsche Akademie der Künste" mitbegründete. Sein literarisches und publizistisches Schaffen war nun dem Sozialistischen Realismus verpflichtet. 1964 starb Willi Bredel im Alter von 63 Jahren.

HALBPORTALKRAN

Wir umrunden die Montagehalle und stehen vor dem blau gestrichenen Halbportalkran am Osterbekkanal (Abb. 27). Zusammen mit dem Laufkatzenkran, der Montagehalle und dem Verwaltungsgebäude bildet er laut Hamburger Denkmalschutzamt „ein für Hamburg einzigartiges industriegeschichtliches Ensemble", das daher auch unter Denkmalschutz steht. Wer weitere Kampnagel-Kräne besichtigen möchte, kann dies übrigens im Außenbereich des Hafenmuseums auf dem Kleinen Grasbrook tun. Der von Kampnagel entwickelte erste elektrische Kran der Welt steht heute im Deutschen Museum in München (Abb. 28).

Wir gehen nun entlang des Osterbekkanals und der Montagehalle weiter, halten uns rechts und gelangen zum Eingang des „Kampnagel-Theaters". Nachdem die Firma „Still" 1981 ihre Produktionsstätten verlagert hatte, kaufte die Stadt das Gelände. 1982 nutzte das Deutsche Schauspielhaus temporär Teile der Hallen, während das Haupthaus

27 SPITZE DES HALBPORTALKRANS AUF KAMPNAGEL

an der Kirchenallee saniert wurde. Im selben Jahr fand hier eine legendäre Arbeiterkultur-Ausstellung statt, an die sich ältere Generationen sicher noch erinnern werden. Freie Theatergruppen verhinderten in den folgenden Jahren den geplanten Abbruch der sechs Hallen und setzten die regelmäßige Nutzung des ehemaligen Industrieareals als Spielort für ihre Aufführungen durch. 1989 wurde Kampnagel eine städtische GmbH. Längst steht der Name international für innovatives und experimentelles zeitgenössisches Theater.

Das Alabama-Kino gehört zu Kampnagel. Es befand sich zuvor in der Kieler Straße in Eidelstedt und wurde 1993 am Osterbekkanal wiedereröffnet, nachdem der alte Standort aufgegeben werden musste. Ursprünglich war an dieser Stelle ein Multiplexkino geplant, Anwohnerproteste und die zu erwartende Parkplatzmisere ließen die Verantwortlichen von diesem Vorhaben aber wieder abrücken.

10 MEDIENPARK KAMPNAGEL
JARRESTRASSE 2–6, BARMBEKER STRASSE

1996 wurde ein Wettbewerb ausgeschrieben, der die Randbebauung des Kampnagel-Geländes zum Inhalt hatte. Den ersten Preis erhielt das Münchner Architekturbüro Otto Steidle, das auch das Pressehaus für Gruner + Jahr und das KPMG-Firmengebäude an der Ludwig-Erhard-Straße realisierte. In zwei Bauabschnitten entstanden bis 2002 gut 20 000 Quadratmeter Büro- und Gewerbeflächen, für die ein weiteres Kampnagel-Gebäude – die Fundushalle – weichen musste. Geplant wurde der sogenannte „Medienpark Kampnagel" vor der großen Medienkrise, die Anfang des 21. Jahrhunderts begann. Heute sind unter den Mietern der Gebäude kaum noch Medienunternehmen, stattdessen hat sich hier u. a. ein Ärztezentrum etabliert, außerdem eine Heilpraktikerschule und ein großer Schreibwarenhändler.

2002 erhielt das Architekturbüro für das Ensemble den dritten Preis des BDA Hamburg. Wer sich auf dem Gelände bewegt, kann sich aller-

28 ERSTER ELEKTRISCHER KRAN VON KAMPNAGEL (1895)

dings des Eindrucks einer gewissen Sterilität nicht erwehren. Eine Verbindung zwischen Alt und Neu, zwischen Fabrikarchitektur und modernem Bürobau, ist nicht erkennbar. Schade, man hätte diesem Ort, der vom untergegangenen Industriezeitalter kündet und vom innovativen Theater lebt, eine andere Ergänzung gewünscht.

CAFÉS / RESTAURANTS

Bei uns
Restaurant-Café
Semperstraße 78
www.restaurant-bei-uns.de
→ *familiär geführtes portugiesisches Restaurant*

Café Portugal
Hanssensweg 3
→ *sympathisches Stadtteilcafé in der Jarrestadt*

Casino Kampnagel
Jarrestraße 20
www.casino-kampnagel.de
→ *Frühstück, Mittagstisch und Abendkarte – nicht nur nach dem Theaterbesuch*

Il Pavone
Jarrestraße 27–29
www.il-pavone.hhgastro.de
→ *klassische bis gehobene italienische Küche gegenüber von Kampnagel*

Jarre-Bäckerei
Jarrestraße 90
→ *inhabergeführte Bäckerei, mit Außenplätzen*

Kafayas
Semperstraße 64
www.kafayas.de
→ *französische Spezialitäten –Croissants, Quiches und Tartes*

Las Rocas Bistro
Jarrestraße 22
www.rocas-bistro.de
→ *große Auswahl an Tapas*

Magic Cupcakes & more
Hölderlinsallee 1
→ *nicht nur süße Kuchen, sondern auch Bagel, Burger, Panini, Wraps*

LÄDEN

Biedler Bikes
Fahrradwerkstatt & Verkauf
Jarrestraße 29
www.biedler-bikes.de
→ *Fahrradverkauf, -inspektion, -codierung – und Rennrad-Training*

Träumereich-Verlag
Stammannstraße 23
→ *Bücher und Spielwaren im Zentrum der Jarrestadt*

FREIZEIT / SPORT

Bootsvermietung Dornheim & Restaurant „Zur Gondel"
Kaemmerer Ufer 25
www.bootsvermietung-dornheim.de
→ *Kajaks, Kanus, Ruder- und Tretboote für gemütliche oder sportliche Fahrten auf der Alster*

KULTUR

Alabama-Kino
Jarrestraße 20
www.alabama-kino.de
→ *Programmkino auf Kampnagel*

Jarrestadt-Archiv
Wiesendamm 123
www.jarrestadt-archiv.de
→ *Sammlungen, Veröffentlichungen, Rundgänge*

Kampnagel
Jarrestraße 20
www.kampnagel.de
→ *internationale Theater-, Tanz und Performance-Veranstaltungen*

SOZIALES / NON-PROFIT

Jarrestadt-Leben e.V.
Wiesendamm 123
www.jarrestadt-leben.de
→ *Stadtteilaktivitäten für Jung und Alt*

KiTa Abraxas
Stammannstraße 4
www.kindergaerten-finkenau.de
→ *Frühförderung für kleine Kinder*

Krippe Pfützenracker
Stammannstraße 10
www.kindergaerten-finkenau.de
→ *pädagogisches Angebot für Kinder zwischen zehn Monaten und drei Jahren*

Spielhaus Jarrestadt e.V.
Stammannstraße 28
www.spielhaus-jarrestadt.de
→ *Brett- und Bewegungsspiele für Kinder*

tagewerk.jarrestadt
Jarrestraße 27–29
www.alsterdorf-assistenz-west.de
→ *künstlerisches Arbeiten für Menschen mit Hirnschädigungen und psychischen Erkrankungen*

Wohngemeinschaft Jarrestadt
alsterdorf assistenz west gGmbH
Kinder- und Jugendhilfe
Jarrestraße 27–29
www.alsterdorf-assistenz-west.de
→ *betreutes Wohnen für Jugendliche und junge Erwachsene von 14 bis 25 Jahren*

LEUTE AUS WINTERHUDE

Seit über 35 Jahren ist JÖRG BAUER (geb. 1954) als Buchhändler in der „Buchhandlung am Mühlenkamp“ tätig. Nach seiner Ausbildung Anfang der 1970er Jahre bei „Felix Jud“ in der Innenstadt kam er 1980 in das Geschäft, das er 1993 mit Kerstin Westphal kaufte. Die Buchhandlung besteht seit 1965 und gehört damit neben „Fisch Böttcher“ inzwischen zu den wenigen Läden in der Straße, die auf eine lange Tradition zurückblicken können. Mit einem engagierten Team aus vier Mitarbeiterinnen sorgen Bauer und Westphal dafür, dass die Menschen rund um den Mühlenkamp stets mit interessantem Lesestoff versorgt werden. Dabei reicht das Angebot von „Mainstream“ bis „literarisch sehr anspruchsvoll“, vor allem amerikanische Autoren verkaufen sich gut. Zunehmend gefragt sind darüber hinaus Kinderbücher, denn es ziehen viele junge Familien nach Winterhude. Die Lebendigkeit, die die Kunden in die Buchhandlung bringen, ist einer der Gründe, warum Bauer seinen Beruf auch nach über vierzig Jahren noch mit Begeisterung ausübt. Die anderen sind die kompetenten Mitarbeiterinnen und, natürlich, seine Liebe zu Büchern.

ARMIN CLASEN (1890–1980) wurde in Neukirchen / Kreis Ziegenhain geboren. Es ist unklar, was ihn bewog, nach Hamburg zu ziehen, und wann dies geschah. Er widmete sich neben seinem Beruf als Lehrer jahrzehntelang der Hamburger Heimatgeschichtsforschung. Seine Veröffentlichungen zu Winterhude, aber auch zu Eppendorf und weiteren Stadtteilen lassen erahnen, wie viel Zeit er in Archiven zugebracht haben muss. Ihm ist es zu verdanken, dass die kleinen Geschichten rund um Winterhude nicht in Vergessenheit geraten sind.

ANNA MARIA HINSCH (1781–1854) war die erste Bleicherin in Winterhude. Sie war die Tochter des Kleinbauern Franz Lau in Barmbek und die Ehefrau des Arbeiters Heinrich Hinsch. Nach dem Tod ihres Mannes im Jahr 1830 verdiente sich die einfache Frau mit dem Reinigen und Bleichen von Wäsche ihren Lebensunterhalt. Sie wohnte bei dem Brinksitzer und Milchhändler Beyer am Hirtenkatenplatz (heute Winterhuder Marktplatz) zur Miete. Im Jahr 1850 wechselte sie ihren Broterwerb und betrieb eine kleine Krämerei. Allerdings besaß sie keine Konzession und musste 1852 der Krämerei von Heinrich Ohl weichen.

Der Architekt und Stadtplaner WERNER HEBEBRAND (1899–1966) wurde in Elberfeld geboren und verbrachte seine Jugend in Marburg. Nach dem Abitur wurde er zum Militärdienst im Ersten Weltkrieg eingezogen. Zurück aus der Kriegsgefangenschaft absolvierte Hebebrand ein Architekturstudium an der TH Darmstadt sowie eine Ausbildung zum Regierungsbaumeister und machte sich in der Zeit vor dem Zweiten Weltkrieg als Mitarbeiter von Ernst May (1886–1970) in Frankfurt am Main und der Sowjetunion einen Namen. Nach dem Krieg war Hebebrand u.a. als Leiter des Stadtplanungsamtes in Frankfurt am Main und als Professor für Städtebau an der TH Hannover tätig. 1952 als Oberbaudirektor nach Hamburg berufen, steuerte er das Baugeschehen nach langer Stagnation und einem kopflosen Provisorium in die planmäßige Erneuerung. Hebebrand war ein lebensfroher Mensch mit vielen Namen. Bei der Arbeit unterschrieb er schon mal selbstironisch als "Oberbranddirektor Hebebau". Während die unmittelbare Nachwelt das Werk Hebebrands wie die städtebaulichen Ideen der Moderne insgesamt kritisch einschätzte, erkannten seine Weggenossen, wie stadtbildprägend seine Leistung war. So schrieb der Kunsthistoriker Gottfried Sello (1913–1994) in einer Würdigung anlässlich der Verabschiedung des Oberbaudirektors aus dem Amt im Jahr 1964: „Die Ära Hebebrand wird als eines der wichtigsten Kapitel in die Hamburger Baugeschichte eingehen. Noch nie in ihrer über tausendjährigen Geschichte, seit der Gründung der Hammaburg, ist in einer so kurzen Zeitspanne so viel gebaut worden! Man muß sich vergegenwärtigen, wie Hamburg vor zwölf Jahren aussah!" Ein Jahr vor seinem Tod wurde Hebebrand mit dem Fritz-Schumacher-Preis geehrt.

MARIEKE SCHULZ-GERLACH (*1978) ist in Hameln aufgewachsen. Bevor sie Landschaftsbau und Freiraumplanung in Osnabrück studierte, absolvierte sie zunächst eine Lehre zur Gärtnerin. Nach Arbeitsstationen in Nürnberg, Hannover und Pinneberg ist sie seit April 2012 als Revierleiterin im Stadtpark tätig. Sie ist jedoch nicht nur für den Park verantwortlich, sondern ihr Zuständigkeitsbereich erstreckt sich von der City Nord bis zum Eppendorfer Mühlenteich und vom Isebek- bis zum Osterbekkanal. Schulz-Gerlach beaufsichtigt die Pflanz- und Pflegearbeiten in Beeten und an Bäumen oder gibt Veranstaltern Einweisungen vor Ort. Im Stadtpark ist sie je nach Saison mit sieben bis 14 Gärtnern unterwegs. Etwa 30 Prozent ihrer Arbeitszeit verbringt die Landschaftsplanerin im Büro auf dem Betriebshof am Südring, wo sie neue Anpflanzungen plant oder Ausschreibungen für anstehende Arbeiten übernimmt. Für den Stadtparkverein erklärt Schulz-Gerlach auf Gehölzrundgängen einheimische und exotische Bäume. Ärgern kann sie sich über Leute, die Pflanzen aus den öffentlichen Grünanlagen entwenden oder nach der Grillparty ihren Müll liegen lassen. Ihre Lieblingsbäume im Stadtpark sind die Mandschurischen Walnussbäume bei der Grillwiese.

REGINA VÖLKER (geb. 1960) wohnt seit 1992 mit ihrer Familie in der Nähe des Mühlenkamps. Zu ihrer Arbeitsstätte hat sie es nicht weit, denn seit 2004 ist die Deutsch- und Kunstlehrerin an der Forsmannschule tätig. Jedes Kind hat eine Begabung, die es zu entdecken und zu fördern gilt. Dies ist die pädagogische Herausforderung, der sich die Schule stellt und die Völker besonders reizvoll findet. Die Schüler forschen ein halbes Jahr lang, zwei Stunden in der Woche, zu selbst gewählten Themen. Unterstützt von ihren Lehrern beschäftigen sie sich mit philosophischen und naturwissenschaftlichen Fragen oder auch mit Dingen, die ihnen im Alltag begegnen. Am Ende des Schuljahres präsentieren die Schüler in verschiedenster Form die Ergebnisse ihrer Recherche, um ihre Besucher an ihren Entdeckungen teilhaben zu lassen. Völker hält es für sehr wichtig, dass die „jungen Forscher" lernen, ihrem eigenen Denken zu vertrauen und eine fragende Haltung gegenüber scheinbar unumstößlichen Wahrheiten zu entwickeln.

LEUTE VON DER UHLENHORST

Einen entscheidenden Einfluss auf die Entstehung des Stadtteils Uhlenhorst hatte **DR. AUGUST ABENDROTH** (1796–1867). Der älteste Sohn des späteren Bürgermeisters Amandus Abendroth arbeitete zunächst als Advokat in Hamburg, bis seine Heirat mit der vermögenden Kaufmannstochter Conradine Sievert es ihm ermöglichte, sich als Bodenspekulant zu betätigen. 1837 ersteigerte er das abgelegene, oft überflutete Areal der Uhlenhorst, das nach Erschließung und Verkauf zur Goldgrube wurde. Der Unternehmer, der zu den reichsten Bürgern Hamburgs zählte, machte sich auch als Mäzen der Kunsthalle für die Stadt verdient.

Tanzen wurde **CORINNA BARTEL** in die Wiege gelegt, denn bereits seit drei Generationen wird in ihrer Familie das Tanzbein geschwungen. Großvater Walter Bartel hatte die Tanzschule 1923 an der Ulmenau gegründet. Seine Enkelin übernahm 1995 das Unternehmen und betreute die Kinder- und Hiphop-Kurse. Mittlerweile kümmert sich Hamburgs Rock'n'Roll-Meisterin von 1976 ausschließlich ums Geschäftliche. Corinna Bartel lebt seit 1980 auf der Uhlenhorst. „Hier fühlt man sich zu Hause. Jeder kennt jeden, man grüßt sich."

In der Vorbereitung zu Dreharbeiten kann man ULRICH PLEITGEN (*1946) oft an der Alster begegnen. Einige Stunden am Tag verbringt er dort bei jedem Wetter, um neue Texte einzustudieren. („Mein Büro ist die Alster.“) Der aus Hannover stammende Schauspieler lebt seit 1985 mit seiner Frau in einer Altbauwohnung auf der Uhlenhorst. Einem breiten Publikum wurde er bekannt durch seine Auftritte in diversen Serien wie Tatort, Dr. Kleist, Traumschiff und K3 – Kripo Hamburg („Grimme Preis“), aber auch durch Rollen in prämierten Kinofilmen wie „Stammheim“, der mit dem „Goldenen Bären“ ausgezeichnet wurde. Pleitgen gefällt an Uhlenhorst „die intelligente Mischung nicht versnobter Leute. Es ist ein Dorf mitten in der Großstadt.“ (www.Ulrich-Pleitgen.de)

Auf 210 Quadratmetern lebt der Architekt HADI TEHERANI (*1954) mit Blick auf die Außenalster, in dem 1998 von ihm konzipierten Apartmenthaus in der Fährhausstraße. Als er mit sechs Jahren aus dem Iran nach Hamburg kam, wohnte er zunächst auf dem Grundstück der heutigen Moschee an der Schönen Aussicht. Nach Studium in Braunschweig und Berufsstart in Köln folgte 1991 das BRT-Architektenbüro in Hamburg. Innerhalb kürzester Zeit begann eine weltweite, von vielen Preisen gekrönte Karriere. Seine von Glas dominierten Bauwerke bestechen durch ihre Optik, oft als „Architecture parlante“, die den Standort mit einbezieht, wie etwa das „Dockland“ in Form eines Schiffs in der Nähe des ehemaligen England-Fähranlegers oder die „Tanzenden Türme“ auf der Reeperbahn.

STADTPARK 4

Stadthalle * Kunst im Park * Stadtcafé am Rosengarten * Kaskade am See * Festwiese / Planschbecken * Sierichsches Forsthaus / Stadtpark Verein * Planetarium * Landhaus Walter / Steingarten * Trinkhalle

STARTPUNKT: Modellbootbecken am ehem. Haupteingang des Stadtparks, Südring/Ecke Stadthallenbrücke (U-Bahn-Station Saarlandstraße/U3)
ENDPUNKT: Trinkhalle, Südring 1 (U-Bahn-Station Borgweg/U3)
DAUER: etwa zwei Stunden

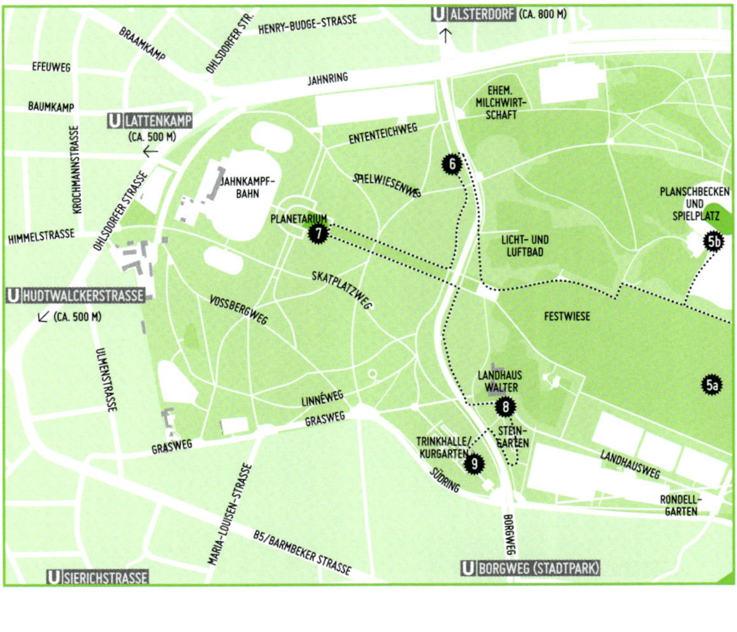

Bevor 1910 mit den ersten Bauarbeiten zum Stadtpark begonnen wurde, war jahrelang hart um das Konzept und die Ausgestaltung diskutiert worden. Bereits Ende des 19. Jahrhunderts hatte es erste Überlegungen zur Anlage einer Grünfläche gegeben. Die Gründe dafür lagen in der Entwicklung der Stadt. Die Einwohnerzahl Hamburgs war aufgrund des Wirtschaftswachstums stark angestiegen und hatte zu Beginn des 20. Jahrhunderts die Millionengrenze erreicht. Die Folge waren Wohnungsknappheit und daraus resultierende katastrophale Lebensbedingungen. Viele Arbeiterfamilien lebten in engen, feuchten Räumen. Zudem gab es in der Stadt häufig sogenannte „Nebeltage", die durch die Luftverschmutzung der rauchenden Fabrikschornsteine verursacht wurden. Nicht zuletzt warf auch der Ausbruch der Cholera von 1892 mit 8605 Toten ein schlechtes Licht auf die hygienischen Zustände und Wohnverhältnisse in Hamburgs Armenvierteln.

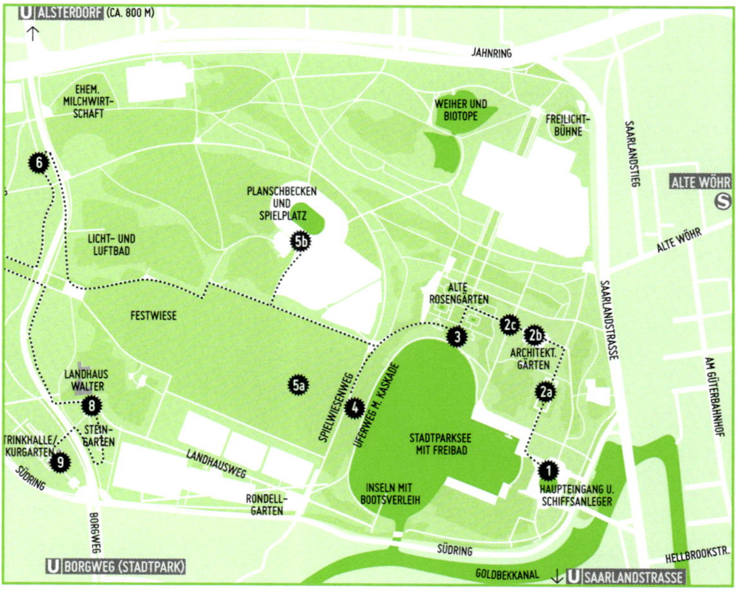

So wies Alfred Lichtwark (1852–1914), der erste Direktor der Kunsthalle, 1895 auf das Problem des fehlenden Grüns für die Bevölkerung hin: „Der Hamburger fragt sich, ob seine Vaterstadt, wenn nicht ein grosser Stadtpark geschaffen wird, auf die Dauer bewohnbar bleibt." Lichtwark hatte maßgeblichen Einfluss auf die spätere Gestaltung des Hamburger Stadtparks. Er kritisierte den herrschenden Stil englischer Landschaftsgärten, der bis zur „Absurdität" weiterentwickelt worden sei, und forderte eine Erneuerung der Gartenkunst mit Rückbesinnung auf die Raumgestaltung. Der englische Landschaftsgarten hatte Ende des 18. Jahrhunderts die barocken Gartenanlagen abgelöst, die durch strenge geometrische Formen gekennzeichnet waren. Statt der Natur den prunkvollen Herrscherstil aufzuprägen, sollten Gärten und Parks nach dem Vorbild des englischen Landschaftsgartens eine urwüchsige Natur widerspiegeln. Das Kennzeichen dieser Parks waren große Rasenflächen mit Baumgruppen, kleine Hügel, durch die Landschaft führende geschwungene Wege sowie das Fehlen blühender Beete.

In den Debatten um die Gestaltung des Hamburger Stadtparks spiegeln sich diese gegensätzlichen Vorstellungen wider. Sollte der zukünftige Park streng geometrische oder natürliche Formen aufweisen? Sollten geschwungene Wege oder klare Linien überwiegen?

In anderen deutschen Großstädten waren schon Jahrzehnte zuvor große Parkanlagen für die Bevölkerung entstanden. In Hamburg hatte man das dagegen nicht für nötig befunden und verwies auf die bestehenden Grünflächen wie z.B. auf die umgebauten Wallanlagen. Diese Verzögerung sollte sich letztendlich als Vorteil für die Stadt und den Park erweisen, denn die Debatte um die Gestaltung des neu zu schaffenden Parks fiel in eine Phase des gestalterischen Umbruchs. Seit Beginn des 20. Jahrhunderts entstand die Volksparkbewegung, die wiederum eng verknüpft war mit der Reform der Gartenkunst, wie sie von Künstlern, Architekten und Gartenkünstlern gefordert wurde und 1906 in der Gründung der Deutschen Gesellschaft für Gartenkunst ihren Ausdruck fand.

Der Volkspark sollte der Bewegung, dem Sport und Spiel im Freien und nicht nur wie bisher dem Flanieren auf schattigen Wegen dienen. Die landschaftlichen Parkanlagen genügten den Bedürfnissen der Bevölkerung nicht mehr. Der Aufenthalt im Freien sollte vielmehr dafür sorgen, die Menschen gesund zu erhalten, und die Lebensqualität in den dicht bebauten Quartieren verbessern. So forderte Lichtwark: „Wir brauchen einen Park zum Aufenthalt, nicht bloß zum gelegentlichen Spazierengehen. Wir brauchen einen Park, der bei jedem Wetter und auch im Winter die ganze Bevölkerung dauernd anzieht und festhält, der eine reiche Quelle edler Lebensfreude bietet."

Im Jahr 1902 erwarb die Stadt das Gelände zwischen Winterhude und Barmbek, in dem sich auch das Sierichsche Gehölz, der Privatforst des Großgrundbesitzers Adolph Sierich (1826–1889), befand. Hier sollte der Park entstehen. Die ersten Entwürfe für die Grünanlage, die noch vom Stil des englischen Landschaftsgartens geprägt waren, legte der Leiter des Ingenieurwesens Eduard Vermehren (1847–1918) vor (Abb. 1). Eine eigens eingesetzte Kommission, die wiederum Sachverständige hinzuzog, zu denen auch Lichtwark gehörte, empfahl die Ausschreibung eines Wettbewerbs. Aus den 66 eingegangenen Entwürfen stach die Arbeit des Karlsruher Bildhauers Max Laeuger aufgrund der geometrischen Anordnung der Flächen heraus. Die anderen Beiträge waren im Stil des englischen Landschaftsgartens gehalten. Man konnte sich jedoch auf keinen ersten Preis einigen.

Mit der Berufung Fritz Schumachers (1869–1947) zum Baudirektor von Hamburg nahm die Planung des Stadtparks konkrete Formen an. Schumacher legte zusammen mit Fritz Sperber (1855–1933), dem Nachfolger Vermehrens im Amt des Oberingenieurs, einen Entwurf vor, der letztendlich die Zustimmung der Bürgerschaft fand. Die Arbeit konnte beginnen.

Die Bauzeit wurde mit sieben Jahren angesetzt, zog sich dann aber über zwanzig Jahre hin. Im Juli 1914 wurden die ersten fertiggestellten Areale des Stadtparks eingeweiht und der Bevölkerung übergeben. Das Ergebnis der langjährigen Diskussionen und Planungen war eine gelungene Mischung aus geometrischer Raumgestaltung im Stil des Barock mit einer zentralen Hauptachse und einem landschaftlich gestalteten Teil auf einer

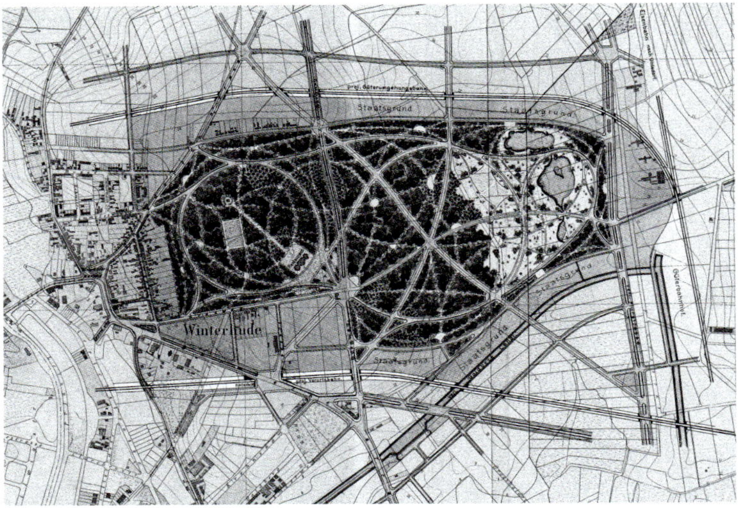

1 „SKIZZE A“ VON OBERINGENIEUR EDUARD VERMEHREN (1902)

Gesamtfläche von 148 Hektar (Abb. 2). Neuartig daran waren die zahlreichen Plätze und Räume, die zur aktiven Nutzung der Natur einluden. Die reformorientierten Kreise hatten sich erfolgreich gegen die konservativen Kräfte durchgesetzt, die für einen Landschaftsgarten plädiert hatten. Hamburg stand damit an der Spitze der modernen Reformgartenbewegung, und der Stadtpark diente nun für die Grünplanung in anderen Städten als Vorbild.

1 STADTHALLE

An der Stelle, wo sich früher das eindrucksvolle Gebäude der Stadthalle befand, lassen heute Kinder wie Erwachsene ihre Boote in dem Modellbootbecken fahren. Von hier geht der Blick weit in die Ferne, über den See und die Festwiese bis hin zum Planetarium.

2 LUFTAUFNAHME VOM STADTPARK (UM 1930)

Es mag erstaunen, dass einem nicht mehr existierenden Gebäude im Folgenden recht viel Platz eingeräumt wird. Dies ist jedoch unerlässlich, denn die Stadthalle war ein wichtiger Bestandteil des Gesamtkonzepts des Parks. Zum einen hatte Schumacher das Gebäude als zentrale Gastwirtschaft des Stadtparks entworfen, zum anderen war das Bauwerk ein entscheidendes Element bei der Gestaltung des Seeufers. Zusammen mit der Kaskade, die sich auf der gegenüberliegenden Seeseite befand, dem ehemaligen Stadtcafé im Nordosten und der Liebesinsel im Südwesten prägte es die vier Seiten des Sees. Schumacher hatte das imposante Gebäude als Ausgangspunkt der großen, 1,5 Kilometer langen Hauptachse, an deren Ende sich das Planetarium befindet, entworfen. Die Stadthalle markierte zudem den Haupteingang des Parks. Der Stadtpark war über die Straße, die Schiene und über Wasserwege zu erreichen. Seit dem Abriss der Stadthalle in den 1950er Jahren fehlt das bauliche Pendant zum Pla-

3 STADTHALLE AM SEE (1914)

netarium und damit der Blickabschluss auf der östlichen Seite des Sees. Doch zurück zum Anfang …

Der Bau der Stadthalle begann im Jahr 1911, zog sich kriegsbedingt aber bis in die 1920er Jahre hin. Während des Ersten Weltkriegs diente das Gebäude unterschiedlichen militärischen Zwecken, u.a. war hier das Bekleidungsamt des Militärs untergebracht. Nach dem Krieg fehlte aufgrund der wirtschaftlich misslichen Lage das Geld für den weiteren Ausbau des Gebäudes, sodass sich der Senat zu einer außergewöhnlichen Lösung entschloss. Der unvollendete Bau wurde für die Dauer von dreißig Jahren an den Unternehmer Wilhelm Burmeister (Abb. 4) verpachtet, der sich als Geschäftsführer großer Gastronomiebetriebe in Hamburg einen Namen gemacht

4 WILHELM BURMEISTER (1887–1948)

5 GROSSER SAAL DER STADTHALLE (UM 1927)

hatte. Burmeister erhielt einen günstigen Pachtvertrag und verpflichtete sich im Gegenzug, den fehlenden Innenausbau des Gebäudes zu gewährleisten.

Die Stadthalle war wie fast alle Gebäude im Park streng symmetrisch ausgerichtet. Die Fassade der Ostseite war schlicht und prunklos gestaltet. Hier wirkte das Backsteingebäude vor allem durch seine Breite von 85 Metern. Zur Seeseite hin schlossen sich dem lang gestreckten Bauwerk beidseits zwei Flügel mit einseitig verglasten Arkaden an, die bis an den See führten und dort in offenen Säulenhallen endeten (Abb. 3). So wurde die von Schumacher erwünschte Wirkung, die Stadthalle mit den beiden Armen in den See und den Park einzubinden, erreicht. Die Fassade der Seeseite war an zahlreichen Stellen wie beispielsweise an den Saaleingangstüren mit Werken des Bildhauers Richard Kuöhl (1880–1961) geschmückt.

Die monumentale Stadthalle richtete sich mit ihrem eintrittspflichtigen Programm an ein bürgerliches Publikum. In den festlich gestalteten Sälen und auf den zur Seeseite vorgelagerten Terrassen, die mit Bäumen bepflanzt waren, bot sie bis zu 12 000 Gästen Platz (Abb. 5). Um einen wirtschaftlichen Betrieb zu gewährleisten, waren zahlreiche Großveranstaltungen und ein vielfältiges Angebot erforderlich. So spielten täglich verschiedene Kapellen zur Unterhaltung und zum Tanz auf. Schumacher hatte dazu drinnen wie draußen Orchesternischen gestaltet. Das wöchentliche Highlight, das „Brillantfeuerwerk" am Donnerstag, zog viele Zuschauer an. Zum Leidwesen des Pächters Burmeister versammelten sich dabei oft rund 20 000 Menschen rings um den See und genossen das Spektakel, während nur 3000 von ihnen den Eintritt bezahlten. Überhaupt war der Eintritt für die Stadthalle in Höhe von zwanzig bis fünfzig Pfennig immer wieder Thema öffentlicher Debatten, denn er schloss Geringverdiener vom Besuch aus, und dies widersprach dem Konzept und der Idee des Volksparks. Doch wussten sich die mittellosen oder zahlungsunwilligen Hamburger zu helfen, indem sie die Konzerte oder auch das Feuerwerk vom See aus bzw. von der gegenüberliegenden Parkseite genossen.

Als wirtschaftlich problematisch erwies sich auch, dass die Stadthalle ein Saisonbetrieb war. Geöffnet war von Mai bis in den Herbst, in den Wintermonaten nur an den Wochenenden. Als dann unter den Nationalsozialisten ein Schwimmbad im See vor den Terrassen der Stadthalle eingerichtet wurde, blieben – vermutlich aufgrund des Lärms – die Gäste aus, und Wilhelm Burmeister entschloss sich 1937 zur Aufgabe des Stadthallenbetriebs. Ihr Ende war also längst eingeleitet, als sie während des Feuersturms im Jahr 1943 durch Bomben der Alliierten getroffen wurde. Die Ruinen des Bauwerks wurden 1951 gesprengt und abgetragen.

Das Freibad als Naturbad ist geblieben und erfreut sich im Sommer großer Beliebtheit. Ebenso beliebt ist der Biergarten auf dem ehemaligen Grundstück der Stadthalle, der zu Ehren des genialen Baumeisters Schumachers Namen trägt und mit dem Slogan wirbt: „Wohl Hamburgs schönster Sonnenuntergang".

6–8 DIANA AUF DER HIRSCHKUH, ADAM UND EVA

Beim Eisbären auf der rechten Seite gehen wir die drei Stufen hinauf und folgen dem Weg nach rechts, bis wir den ehemaligen Rhododendrongarten erreichen.

2 KUNST IM PARK

Der als abgeschlossener Raum konzipierte Garten wird geprägt durch die Skulptur „Diana auf der Hirschkuh" 2a, die sich am anderen Ende befindet (Abb. 6). Die Bronzeplastik mit Granitsockel des Künstler Georg Wrba (1872–1939) wurde von einem unbekannten Kunstfreund gestiftet. Pfeil und Sehne sind der Jägerin schon vor vielen Jahren verloren gegangen.

Die Ausschmückung des Stadtparks mit künstlerisch hochwertigen Skulpturen geht auf die Initiative von Alfred Lichtwark zurück, dem ein Freilichtmuseum im Park vorschwebte. Die Kunstwerke sollten einer breiten Bevölkerung zugänglich gemacht werden und zur ästhetischen Erziehung der Besucher nachhaltig beitragen, denn Lichtwark war überzeugt, dass Skulpturen im Freien eine tiefere Wirkung auf den Betrachter ausüben als innerhalb eines Museums. Unterstützt wurde er in diesen Ansichten von Fritz Schumacher, der 1928 einen Leitfaden für Schulabgänger mit dem Titel „Plastik im Freien" herausgab, in dem er jungen Erwachsenen einige ausgewählte Kunstwerke des Stadtparks näherbrachte.

9+10 HECKENGARTEN UND PINGUINBRUNNEN (AUSSCHNITT)

Die Skulpturen, die ausschließlich von anerkannten Künstlern stammen, wurden von vermögenden, kunstinteressierten Hamburger Persönlichkeiten und vom Stadtpark Verein finanziert. Bereits 1914 gestiftet, wurden viele der Kunstwerke aber erst in den 1920er Jahren aufgestellt, weil nach dem Krieg die Fertigstellung von Gebäuden oder Sportplätzen Vorrang hatte.

Wir gehen nun hinter der Diana-Plastik weiter geradeaus und biegen in den zweiten Weg links ein. Dort begegnen wir Adam und Eva 2b im Heckengarten (Abb. 7+8). Die beiden Skulpturen, die ursprünglich in der Kunsthalle standen, wurden von Oskar Ulmer (1888–1963) aus Muschelkalk geschaffen.

Der Heckengarten ist einem Haus nachempfunden. In die Heckenwände sind Türen und Fenster eingeschnitten (Abb. 9). Diese Art der Parkgestaltung muss Anhängern des Landschaftsstils ein Dorn im Auge gewesen sein. Auch der Oberingenieur Sperber, der sich für eine Parkgestaltung im Stil des englischen Landschaftsgartens einsetzte, und der Oberbaudirektor Schumacher als Vertreter der neuen Gartenkunst stritten darüber. Hecken waren bis Ende der 1920er Jahre ein wichtiges Gestaltungsmittel der Gärten und Parks der Reformzeit. Sie rahmen ein und begrenzen die Sicht. Dadurch schaffen sie abgeschlossene Räume, die eine intime Atmosphäre beim Betrachten der Blumen ermöglichen.

Wenn wir den Heckengarten in nordwestlicher Richtung verlassen, treffen wir sogleich auf ein weiteres Kunstwerk. Der vertieft liegende Pinguin-Brunnen 2c (Abb. 10) wurde von August Gaul (1869–1921) geschaffen, einem anerkannten Tierbildhauer seiner Zeit. Die sechs Pinguine hocken auf dem Rand eines achteckigen Brunnentrogs, der sich wiederum in einem runden Becken befindet. Der von einer Pergola und einem Kreis aus Rotbuchen umgebene Brunnen ist eine Oase der Ruhe. Hier wird das Konzept der abgeschlossenen Räume innerhalb des Parks besonders deutlich. Leider sind die possierlichen Tiere nicht nur bei den erholungssuchenden Nutzern des Parks heiß begehrt. Bereits 1930 wurde erstmals eine Figur gestohlen. Der letzte Diebstahl geschah 2013. Die Pinguine sind deshalb längst durch Nachbildungen aus Plastilin ersetzt worden.

3 STADTCAFÉ AM ROSENGARTEN

Unsere nächste Station ist der Rosengarten, der sich direkt nebenan befindet. Er entstand 1925 als Eingangsbereich des damaligen Stadtcafés. Der barocke Rosengarten ist streng geometrisch gehalten und mit vier Beeten angelegt. Otto Linne (1869–1937, Abb. 11), der am 1. Januar 1914 sein Amt als erster Gartendirektor der Stadt angetreten hatte, wählte die 16 Rosenarten damals selbst aus. Erst 1913 wurde in Hamburg, das in dieser Hinsicht das Schlusslicht unter den deutschen Großstädten bildete, ein eigenständiges Amt für das Gartenwesen geschaffen. Linnes Aufgabe war u.a. die Ausgestaltung der Sondergärten, die vorwiegend um den See herum angelegt waren und die barocken Anteile des Stadtparks repräsentierten. Otto Linne, der ab 1919 auch das Amt des Direktors des Ohlsdorfer Friedhofs innehatte, wird als „Anwalt des sozialen Grüns“ bezeichnet, da er sich für die Schaffung von öffentlichen Grünflächen einsetzte, die den sozial schwächeren Bevölkerungsschichten als Gartenersatz dienen sollten. Unter seiner Lei-

11 OTTO LINNE (1869–1937)

tung entstanden außerdem zahlreiche Spielplätze für Kinder. 2013 wurde der Rosengarten mit achtzig Rosensorten neu eröffnet. Die flachen Wasserbecken stammen aus den 1950er Jahren.

Das Stadtcafé lag direkt am See, dort, wo sich heute ein kleiner Bootsanleger befindet, der im Rahmen der Neugestaltung des Uferweges im Jahr 2001 entstand. Das 1914 bis 1916 während des Ersten Weltkriegs errichtete Gebäude wurde im Bombenhagel des Zweiten Weltkriegs stark beschädigt und 1951 endgültig abgetragen. Das Kaffeehaus war mit seiner nur 25 Meter breiten Front deutlich kleiner als die 85 Meter breite ehemalige Stadthalle. Die künstlerische Gestaltung des Bauwerks fiel jedoch nicht weniger beeindruckend aus. Das Stadtcafé sollte nach den Vorstellungen Schumachers im Gegensatz zu der auf Massenbetrieb ausgerichteten Stadthalle „dem Bedürfnis abgeschlossener Kreise dienen“ (Abb. 12). Die Hauptseite war wie auch jene der Stadthalle zum See hin ausgerichtet, wo dem Gebäude eine breite Terrasse, offene Bogengänge sowie ein kleines Hafenbecken vorgelagert waren (Abb. 13). Die Mauer, die das Hafenbecken umgab, zierten zwei von dem Künstler Georg Wrba gestaltete bronzene Zentauren, die schon Mitte der 1930er Jahre nach einem Umbau der Caféterrassen und des Hafenbeckens auf die Mauerköpfe im Seebereich der Stadthalle (heute Freibad) versetzt worden waren.

12 WERBUNG FÜR DAS STADTCAFÉ (1926)

Das Kaffeehaus, das ebenso wie die Stadthalle an Wilhelm Burmeister verpachtet wurde, erfreute sich aufgrund der guten Küche, der Musik und der Tanztees großer Beliebtheit. Viele Gäste nutzten den Wasserweg über die Kanäle, um das Café zu besuchen. Andere erreichten das Lokal über die lange Allee, an deren Ende sich das Café befand. Diese Allee stellt die Querachse dar, die den Stadtpark strukturiert und die die Hauptachse im See kreuzt. Diese Querachse war nach dem Krieg absichtlich bepflanzt worden. In der unmittelbaren Nachkriegszeit waren die dort stehenden Platanen – wie viele Bäume im Park – zu Brennholz verarbeitet worden.

13 STADTCAFÉ AM STADTPARKSEE NACH DEM UMBAU (1938)

Die Allee wurde 2002 mit einhundert Platanen wiederhergestellt, in der Absicht, den Stadtpark wieder näher an das ursprüngliche Raumkonzept von 1914 heranzuführen.

Am anderen Ende der Platanenallee befindet sich die Freilichtbühne, die in den 1920er Jahren errichtet wurde. Von Mai bis September finden hier Konzerte nationaler und internationaler Stars auf der Open-Air-Bühne statt. Bei den Konzerten gibt es immer eine hohe Anzahl von „Schwarzhörern", die es sich – wie zu Zeiten Wilhelm Burmeisters – mit Picknickkörben auf den Wiesen ringsherum bequem machen und die Musik ganz im Sinne des Konzepts eines Volksparks umsonst genießen.

Auf dem Weg zur ehemaligen Kaskade, die sich am Übergang zwischen Festwiese und See befand, werfen wir einen Blick auf den kleinen Affen, der zwischen Bäumen versteckt auf einer Säule hockt (Abb. 14). Das Kunstwerk wurde 1935 von Hans-Peter Feddersen (1905–1998) geschaffen.

4 KASKADE AM STADTPARKSEE

Die Arbeiten zum Stadtpark begannen 1910 mit der Anlage des Sees. Für die Schaffung des ovalen Gewässers wurden 405 000 Kubikmeter Erde ausgehoben. Nach Osten zur ehemaligen Stadthalle hin schließt sich ein rechteckiges Becken an, das seit 1937 als Freibad genutzt wird.

Schon in den frühen Entwürfen zum Stadtpark war ein See vorgesehen, denn Wasser durfte als wichtiges Element im Park der Hafenstadt nicht fehlen. Die Fachwelt diskutiert noch heute darüber, welchen Anteil Schumacher an dem Entwurf hatte, den er gemeinsam mit Sperber vorlegte. Als sicher gilt jedoch, dass die Gestaltung des Sees mit den umliegenden Bauten sein größtes Verdienst ist. Der See war für Fritz Schumacher ein wichtiges Gestaltungselement im Gesamtkunstwerk Stadtpark. Dem Baudirektor ging es um die Verbindung von Architektur und Natur. Von zentraler Bedeutung waren die Gebäude und die Liebesinsel. Die Bauwerke wie auch die Insel befanden sich an den vier Achsenendpunkten. Sie hatten die Funktion, Kontraste in der Landschaft und feste Blickpunkte zu erzeugen. Die Stadthalle korrespondierte mit der gegenüberliegenden Kaskadenanlage (Abb. 15) sowie dem Wasserturm in der Ferne, und das Stadtcafé hatte sein Gegenüber in der Liebesinsel. Mit dem Abbruch der Bauwerke am See Anfang der 1950er Jahre wurde das tragende Konzept des Stadtparks unsichtbar gemacht.

14 AFFENSKULPTUR VON HANS-PETER FEDDERSEN

Schumacher hatte die imponierende Kaskade auf der Hauptachse zwischen Stadthalle und Wasserturm am Übergang zwischen Festwiese und See angelegt. Das sieben Meter hohe Klinkerbauwerk war mit den seitlich anschließenden Pergolen etwa einhundert Meter breit. Die üppigen Schmuckelemente hatte der Bildhauer

15 KASKADE AM SEE (UM 1928)

Richard Kuöhl entworfen. Hergestellt wurden sie in den Keramikwerkstätten von A. H. Wessely in Eppendorf. Das die Kaskade durchfließende Wasser wurde aus dem See gepumpt. Obwohl das Bauwerk im Zweiten Weltkrieg fast unbeschadet blieb, entschied man sich 1957 zur Sprengung der Anlage. Anscheinend war das Verständnis für das Konzept des Parks verloren gegangen. Im Jahr 2000 wurde der Bereich neu gestaltet. Die Treppenanlage mit Bootsanleger ist eine Neuinterpretation der historischen Kaskade. Sie nimmt die Konturen des ehemaligen Wasserspiels wieder auf. Im Vergleich zur ehemaligen prächtigen Kaskade stellt sie aber nur einen bescheidenen Gliederungspunkt auf der Hauptachse dar.

Auf den Sitzbänken lässt es sich gut verweilen, von hier haben wir einen schönen Blick auf den See. Auf der gegenüberliegenden Seite, wo sich das Freibad und der Biergarten befinden, sind die Reste der Mauern der ehemaligen Stadthalle deutlich zu erkennen.

16 ENTWURF DER LIEBESINSEL VON FRITZ SCHUMACHER (1910)

Auf der rechten Seite des Sees verdeckt die Liebesinsel die Einmündung des Goldbekkanals in den See (Abb. 16). Sie ist das einzige romantische Motiv im Stadtpark. Eine kleine Brücke führt auf die Insel, auf der sich ein Pavillon mit Bootsverleih befindet. Als die Bürgerschaft Mitte der 1920er Jahre zusätzliche Mittel zur Förderung Hamburger bildender Künstler bewilligte, wurde von diesen Geldern u.a. die Figurengruppe „Kind mit Fohlen" von Hans Waetcke (1888–1968) finanziert, die 1927 an den seeseitigen Anlegestellen aufgestellt wurde.

STADTPARK-RENNEN

Jedes Jahr am ersten Septemberwochenende knattern historische Automobile und Motorräder durch den Stadtpark. Das beliebte Motorsport-Highlight geht zurück auf die Stadtpark-Rennen, die unter den Nationalsozialisten im Jahr 1934 etabliert wurden. Ausrichter der Rennen vor dem Zweiten Weltkrieg, die der Zurschaustellung deutscher Technik und Wehrtüchtigkeit dienten, war das Nationalsozialistische Kraftfahrkorps (NSKK), eine paramilitärische Organisation. 1939 gab es mit 45 000 Besuchern am ersten und 150 000 am zweiten

Tag einen Zuschauerrekord. Der Ausbruch des Zweiten Weltkriegs beendete die Stadtpark-Rennen, doch schon im Jahr 1947 begannen die Rennen erneut – sicher nicht zur Freude der Gartenfachleute und Naturfreunde.

In den Jahren 1934 bis 1952 wurden acht Meisterschaftsläufe für Motorräder und zum Teil auch für Sportwagen veranstaltet. 1952 fand das letzte Stadtpark-Rennen statt. Die Ursache für das Ende des Motorsportfests war ein folgenschwerer Unfall, bei dem ein Motorradgespann in die dürftig abgesicherte Zuschauermenge raste. Es gab Tote und Verletzte. Der Senat lehnte daraufhin die Genehmigung für das Rennen im folgenden Jahr ab. Die notwendigen baulichen Maßnahmen für die Zuschauersicherheit galten als zu kostspielig.

BMW 328 BEIM HAMBURGER STADT-PARK-RENNEN (1939)

Uwe Quentmeier, selbst begeisterter Oldtimerfahrer, rief 1999 das Stadtpark-Revival als Oldtimer-Treffen ins Leben. Bei den Revivals geht es nicht mehr um Wettrennen, sondern um Demonstrationsfahrten. Beim ersten Stadtpark-Revival gingen etwa hundert Teilnehmer an den Start. Inzwischen hat sich die Zahl mit 380 Teilnehmern im Jahr 2015 fast vervierfacht. Das Stadtpark-Revival ist heute eine feste Größe im Hamburger Veranstaltungskalender und zieht bis zu 25 000 Zuschauer an.

Motorsport im Stadtpark – das mag Naturfreunden ein Dorn im Auge sein, entspricht jedoch durchaus der Idee eines Volksparks.

5 FESTWIESE / PLANSCHBECKEN

Seinem Zweck entsprechend ist der Stadtpark mit zahlreichen Sport- und Spielanlagen wie beispielsweise der Jahn-Kampfbahn, mit einer Minigolfanlage und Beachvolleyballfeldern sowie einem Hundespielplatz ausgestattet. Fritz Schumacher verstand auch die große Festwiese 5a, die das Zentrum des Stadtparks darstellt, als Spielplatz. Ganz in seinem Sinne wird die zwölf Hektar große Freifläche auch heute in vielfältigster Weise für Sport, Spiel und Erholung genutzt. Zugleich spiegeln die Veranstaltungen, die auf der großen Wiese in der hundertjährigen Historie des Parks stattgefunden haben, die Geschichte des 20. Jahrhunderts. So diente die Festwiese immer wieder für Großversammlungen aller Art (Abb. 17). Während der NS-Zeit demonstrierten Nationalsozialisten mit Massenaufmärschen ihre Macht. Aber auch Maifeiern der SPD, Sportfeste und Gottesdienste mit bis zu 200 000 Gläubigen wurden hier abgehalten. In den 1980er Jahren fanden auf der Festwiese Konzerte von David Bowie und Pink Floyd statt. Während des Zweiten Weltkriegs wurde sie mit der Aufstellung von Flak-Geschützen militärisch genutzt, was die beträchtlichen Gebäudeverluste im Park durch die zahlreichen Bombentreffer erklärt. Nach dem Krieg wurde auf der Freifläche ein Behelfslager aus Wellblechhütten, den sogenannten Nissenhütten, errichtet (Abb. 18), benannt nach dem kanadischen Offizier Peter Norman Nissen (1871–1930). Sie dienten bis zu 2000 Flüchtlingen und durch den Krieg obdachlos gewordenen Hamburgern als Notunterkunft.

17+18 REICHSFRONTSOLDATENTAG AUF DER FESTWIESE (1928) UND NISSENHÜTTEN IM STADTPARK (1950)

19 PLANSCHBECKEN (UM 1930)

Wir gehen jetzt ein Stück die Festwiese hinauf und biegen rechts in den Weg zum Planschbecken 5b ab. Schumacher ließ das Planschbecken Anfang der 1920er Jahre mit einem 18 Meter breiten Sandstreifen sowie einem Kreis von Lindenbäumen anlegen. Auf der historischen Aufnahme ist gut zu erkennen, dass auch dieser Spielbereich als abgeschlossener Raum konzipiert war (Abb. 19).

Bei den Bauarbeiten wurden zahlreiche nach dem Krieg arbeitslos gewordene Hamburger beschäftigt. Der Spielplatz entwickelte sich zu einem sozialen Treffpunkt für (kinderreiche) Familien. Die Kindheitserinnerungen vieler Erwachsener, die in den angrenzenden Stadtteilen aufwuchsen, sind mit dem Planschbecken im Stadtpark verbunden.

Zum Jubiläumsjahr 2014 wurde das Becken vollständig erneuert und mit moderner Technik ausgestattet. Zahlreiche ganz unterschiedliche Spielgeräte säumen den breiten Sandstreifen. Für größere Kinder und

 Jugendliche stehen auf dem angrenzenden Wiesenareal weitere Attraktionen bereit. Der neueste Trend ist ein Slackline-Parcours, der eher von Erwachsenen genutzt wird. Bei dieser Sportart wird auf einem gespannten Gurtband balanciert.

Auf der westlichen Seite des Planschbeckens steht eine abstrakte Bronzeplastik von Ursula Ritter, die gern von Kindern bespielt wird. Der Wasserspeier ist eine Replik des Kunstwerks von Richard Haizmann (1895–1963), das auf dem Spielplatz an der Humboldtstraße stand und 1937 von den Nazis als „entartete Kunst“ bewertet und entfernt wurde.

Wir gehen zurück zur Festwiese und folgen dem Weg in Richtung Planetarium. Vor der von Georg Kolbe (1877–1947) geschaffenen Figur „Große Kauernde“, die zusammen mit ihrer „Schwester“, der „Großen Kriechenden“, den Abschluss der Festwiese bildet, biegen wir in den Weg rechts ein.

6 SIERICHSCHES FORSTHAUS / STADTPARK VEREIN

Auf dem Weg zum Forsthaus kommen wir an der Parkvilla vorbei, einem neuen Gastronomiebetrieb, der 2015 eröffnet wurde. In diesem Teil des Stadtparks, nördlich der Festwiese, entstand in den 1920er Jahren ein Licht- und Luftbad. In den Plänen von 1910 war es allerdings noch nicht vorgesehen. Vermutlich ist es in Folge der Lebensreform-Bewegung entstanden, die viele Anhänger hatte. Vom Aufenthalt im Freien versprachen sich die Befürworter eine heilende Wirkung auf Körper und Geist der geschwächten Stadtmenschen, die der industriellen Verschmutzung und der Enge der Mietskasernen ausgesetzt waren. Durch Hecken – einige stehen noch heute – wurden verschiedene Bereiche für Männer, Frauen und Kinder geschaffen, in denen diese sich ungestört voneinander sonnen konnten. Den FKK-Bereich gab es noch bis vor einigen Jahren.

Wir erreichen die Otto-Wels-Straße, die wir ein Stück nach rechts entlanggehen. Das Forsthaus liegt mitten im Sierichschen Gehölz, dem ehemaligen Privatforst des Großgrundbesitzers Adolph Sierich. Der leidenschaftliche Jäger ließ das Gelände aufforsten und Wild aussetzen. Sein

20 SIERICHSCHES FORSTHAUS

eingezäunter Jagdpark war eintrittspflichtig und ein beliebtes Ausflugsziel. An der höchsten Stelle, dort, wo sich heute das Planetarium befindet, stand ein hölzerner Aussichtsturm, der gern besucht wurde. Sierich ließ das Forsthaus im Jahr 1885 für seinen Waldhüter errichten. Heute dient das kleine denkmalgeschützte Häuschen dem Stadtpark Verein als Vereinssitz. Die Mitglieder haben das völlig heruntergekommene Forsthaus über Jahre mit großem Aufwand und viel Eigenarbeit saniert (Abb. 20).

Alfred Lichtwark, der Kunsthallendirektor, formulierte schon 1909 die Idee, einen Verein zur Unterstützung des Stadtparks ins Leben zu rufen. Die Gründung erfolgte im Jahr 1912, und die Mitgliederliste, die zahlreiche bekannte Hamburger Persönlichkeiten verzeichnet, belegt, welches Ansehen der Verein unter den Hamburgern hatte. Er förderte die Ausschmückung des Parks mit Blumenschmuck und Kunstwerken. Schon damals gab es Parkführungen, die von Schumacher wie Linne persönlich geleitet wurden. Der Verein wurde unter den Nationalsozialisten zwar nicht verboten, war aber in den 1930er Jahren weniger aktiv und ruhte schließlich ganz. Die Neugründung des Stadtpark Vereins erfolgte 2001. Er bietet heute neben Vorträgen und kleinen Ausstellungen regelmäßig historische Rundgänge durch den Stadtpark an. Auch die Anbringung der Historientafeln an bedeutsamen Stellen des Parks geht auf die Initiative des Vereins zurück. Sein Archiv ist eine Fundgrube zur Geschichte der Grünanlage.

Unsere nächste Station ist das Planetarium. Dazu gehen wir die Otto-Wels-Straße ein Stück zurück.

7 PLANETARIUM

Am Nordwestende der etwa 1,5 Kilometer langen Hauptachse steht der Wasserturm, der seit 1930 das Planetarium beherbergt. Mit einer Höhe von fast 65 Metern und einer 30 Meter breiten Vorderfront ist es das gewaltigste Bauwerk im Stadtpark. Der monumentale Wasserturm mit seiner eleganten Art-déco-Gestalt ist ein Winterhuder Wahrzeichen und steht unter Denkmalschutz. Das hohe Backsteingebäude, dessen Podest aus Kalkstein besteht, wird im Erdgeschoss von einer gleichermaßen eleganten wie wuchtigen Galerie umgeben. An der Ostfassade ist dem Wasserturm eine Kaskadenanlage vorgelagert. Auch wenn es verboten ist – Hunde nutzen das Becken gern spontan für ein kurzes Bad.

Dass Wasser ein wichtiges Element bei der Gestaltung des Stadtparks war, davon zeugen nicht nur der Wasserturm und die Kaskadenanlage am See, sondern auch der Vers über der südwestlichen Seitentür des Planetariums. Dort heißt es: „Im ewigen Kreislauf zwischen Himmel und Erde ist das Wasser die Quelle lebendiger Kraft."

Der Wasserturm diente ursprünglich der Versorgung der nördlichen Stadtteile mit Trinkwasser. Er sollte hygienische Missstände mit katastrophalen Folgen wie die Choleraepidemie von 1892 verhindern. Die Stadtpark-Kommission des Senats hatte 1906 die Ausschreibung eines öffentlichen Wettbewerbs empfohlen, aus dem der Dresdner Architekt Oskar Menzel (1873–1958) als Sieger hervorging. Damit ist der Wasserturm das einzige Gebäude des Stadtparks, das nicht von Fritz Schumacher entworfen wurde. Dennoch stand die Errichtung des Gebäudes in den Jahren 1912 bis 1916 unter seiner künstlerischen Leitung.

Aus technischen Gründen wurde der Turm an der höchsten Stelle im Gelände, dem Sierichschen Gehölz, errichtet. Der Wasserkessel mit einem Durchmesser von 23 Metern liegt in knapp 63 Metern Höhe und fasst über drei Millionen Liter Wasser. Seine Funktion als Wasserturm erfüllte das eindrucksvolle Gebäude aufgrund eines zu niedrigen Was-

21+22 WERBEPLAKAT PLANETARIUM (1931) UND PLANETARIUMSPROJEKTOR VON ZEISS (1930)

serdrucks jedoch nur bis ins Jahr 1924. Dann wurde es vom Netz genommen. Es dauerte einige Jahre, bis eine neue Aufgabe für den imposanten Turm gefunden wurde. In den Jahren 1929/30 wurde er zum Planetarium umgebaut. Damit ist das Hamburger Planetarium eine der dienstältesten Sternwarten weltweit.

Im Gegensatz zu anderen Gebäuden des Stadtparks wie beispielsweise der Stadthalle hat der Wasserturm den Zweiten Weltkrieg gut überstanden. Schon im August 1945 wurden dort wieder Vorträge gehalten. Zudem diente das Erdgeschoss des Planetariums nach dem Krieg bis in die 1960er Jahre als Öffentliche Bücherhalle. Im Laufe der Jahrzehnte hat das Gebäude immer wieder Umbauten und Modernisierungen erfahren, so zuletzt durch die Ende 2016 abgeschlossenen Arbeiten mit dem Ziel, den Sockel auszubauen, barrierefreie Zugangsmöglichkeiten zu schaffen und mehr Service für die Besucher zu bieten.

Es ist die Verbindung aus wissenschaftlich fundierter Information, modernster Technik und einem abwechslungsreichen Programm, die das Planetarium so beliebt macht (Abb. 21+22). Rund 300 000 Besucher aus Hamburg und der ganzen Welt kann das Planetarium pro Jahr verzeichnen. Es zählt zu den bedeutendsten Planetarien in Europa.

Wir betreten das Foyer des Planetariums. Dort lohnt ein Blick auf das Deckengemälde, ein Kunstwerk der Malerin Dorothea Maetzel-Johannsen (1886–1930). Da die Künstlerin während der Entstehungsphase starb, wurde die Malerei von Heinrich Groth vollendet.

Wer sich nicht für das Programm des Planetariums interessiert, für den ist die Aussichtsterrasse in 42 Metern Höhe eine prima Alternative. Sportliche Besucher erreichen die Plattform in wenigen Minuten über 193 Stufen. Es steht aber auch ein Aufzug zur Verfügung, der bis zur Terrasse fährt. Der Blick auf Hamburg ist grandios und beweist, dass die Stadt ihrem Ruf einer grünen Metropole auf eindrucksvolle Weise gerecht wird. Aus der luftigen Höhe kommt auch die Hauptachse besonders gut zur Geltung. Gleichzeitig wird einem hier das Fehlen der ehemaligen Stadthalle als Gegenpol am Ende der Achse deutlich bewusst.

Wir gehen die Otto-Wels-Straße ein Stück rechts entlang, bis wir das Landhaus Walter erreichen.

8 LANDHAUS WALTER / STEINGARTEN

Das Landhaus Walter, dessen Bau im Jahr 1915 beendet wurde, ist nach seinem ersten Pächter benannt. Schumacher hatte die unterschiedlichen Gasthäuser im Park auf die verschiedenen sozialen Bedürfnisse zugeschnitten. Die „ländliche Wirtschaft“ – wie er den Gasthof bezeichnete – sollte den Charakter einer eher rustikalen Bierwirtschaft tragen, zugleich aber weniger Bauernhaus als vielmehr Gutshaus sein (Abb. 23).

In den letzten Jahrzehnten hat sich der Charakter des Landhauses von einem gutbürgerlichen, gediegenen Gasthof zu einem Veranstaltungsort für Events gewandelt, was sich besonders bei der Übertragung von Fußballspielen im Biergarten zeigt. Seit 1996 befindet sich der Downtown Bluesclub im Landhaus. Mit seinem Konzertprogramm hat sich das Traditionslokal als feste kulturelle Größe etabliert.

Wir betreten nun den südlich vom Landhaus Walter gelegenen Steingarten. Vor dem Sondergarten steht der „Weibliche Akt“ aus Marmor von Albert Woebcke (1896–1980) im kreisrunden Wasserbecken (Abb. 24). Der terrassierte und mit einer Hecke umgebene Steingarten wurde 1927 fertiggestellt. Er beherbergte über fünfhundert verschiedene Arten von Steingartengewächsen und Heidepflanzen aus allen klimatischen Zonen. Der Sondergarten war aufgrund des vom Frühjahr bis in den Winter hinein wechselnden Blütenflors sehr beliebt. Es gab sogar eine eigene Broschüre, die die Pflanzen beschrieb. Die Pflege jedoch war sehr zeitintensiv und forderte eine ganze Gärtnerstelle. Deshalb wurde bei der Wiederherstellung des Gartens zum Stadtparkjubiläum 2014 auf die ursprüngliche Bepflanzung verzichtet. Am Ende der Achse treffen wir auf einen von Schumacher entworfenen und vom Stadtpark Verein gestifteten Rundpavillon. Auf dem Dach befindet sich eine weibliche Figur aus Eichenholz auf einer Kugel, gestaltet von Stefan Albrecht. Bei der Renovierung des Pavillons wurde wegen des zu befürchtenden Vandalismus auf die Rekonstruktion der Glasscheiben verzichtet.

Wir verlassen den Park, gehen ein Stück nach rechts die Otto-Wels-Straße entlang und kreuzen die Straße beim Zebrastreifen.

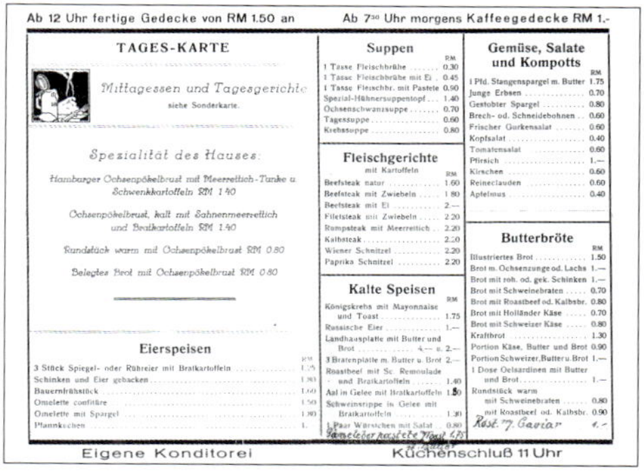

Ab 12 Uhr fertige Gedecke von RM 1.50 an — Ab 7³⁰ Uhr morgens Kaffeegedecke RM 1.-

TAGES-KARTE

Mittagessen und Tagesgerichte siehe Sonderkarte.

Spezialität des Hauses:

Hamburger Ochsenpökelbrust mit Meerrettich-Tunke u. Schwenkkartoffeln RM 1.40

Ochsenpökelbrust, kalt mit Sahnenmeerrettich und Bratkartoffeln RM 1.40

Rundstück warm mit Ochsenpökelbrust RM 0.80

Belegtes Brot mit Ochsenpökelbrust RM 0.80

Eierspeisen

	RM
3 Stück Spiegel- oder Rühreier mit Bratkartoffeln	1.25
Schinken und Eier gebacken	1.80
Bauernfrühstück	1.60
Omelette confitüre	1.50
Omelette mit Spargel	1.80
Pfannkuchen	1.—

Suppen

	RM
1 Tasse Fleischbrühe	0.30
1 Tasse Fleischbrühe mit Ei	0.45
1 Tasse Fleischbr. mit Pastete	0.90
Spezial-Hühnersuppentopf	1.40
Ochsenschwanzsuppe	0.70
Tagessuppe	0.60
Krebssuppe	0.80

Fleischgerichte mit Kartoffeln

	RM
Beefsteak natur	1.60
Beefsteak mit Zwiebeln	1.80
Beefsteak mit Ei	2.—
Filetsteak mit Zwiebeln	2.20
Rumpsteak mit Meerrettich	2.20
Kalbsteak	2.20
Wiener Schnitzel	2.20
Paprika Schnitzel	2.20

Kalte Speisen

	RM
Königskrebs mit Mayonnaise und Toast	1.75
Russische Eier	1.—
Landhausplatte mit Butter und Brot	4.— u. 2.—
3 Bratenplatte m. Butter u. Brot	2.—
Roastbeef mit Sc. Remoulade und Bratkartoffeln	1.40
Aal in Gelee mit Bratkartoffeln	1.50
Schweinsrippe in Gelee mit Bratkartoffeln	1.30
1 Paar Würstchen mit Salat	0.80
Gänseleberpastete Toast	1.75

Gemüse, Salate und Kompotts

	RM
1 Pfd. Stangenspargel m. Butter	1.75
Junge Erbsen	0.70
Gestobter Spargel	0.80
Brech- od. Schneidebohnen	0.60
Frischer Gurkensalat	0.60
Kopfsalat	0.40
Tomatensalat	0.60
Pfirsich	1.—
Kirschen	0.60
Reineclauden	0.60
Apfelmus	0.40

Butterbröte

	RM
Illustriertes Brot	1.50
Brot m. Ochsenzunge od. Lachs	1.—
Brot mit roh. od. gek. Schinken	1.—
Brot mit Schweinebraten	0.70
Brot mit Roastbeef od. Kalbsbr.	0.80
Brot mit Holländer Käse	0.70
Brot mit Schweizer Käse	0.80
Kraftbrot	1.30
Portion Käse, Butter und Brot	0.90
Portion Schweizer, Butter u. Brot	1.—
1 Dose Oelsardinen mit Butter und Brot	1.—
Rundstück warm mit Schweinebraten	0.80
Rundstück warm mit Roastbeef od. Kalbsbr.	0.90
Röst. m. Caviar	4.-

Eigene Konditorei — Küchenschluß 11 Uhr

23 „SPEISENKARTE“, LANDHAUS WALTER (1930ER JAHRE)

24 „WEIBLICHER AKT" VOR DEM LANDHAUS WALTER (1935)

9 TRINKHALLE

Hinter Bäumen und Büschen liegt die Trinkhalle, ein architektonisches Juwel im Stadtpark. Dem kreisrunden Mittelbau mit seiner pfeilergestützten Vorhalle schließen sich rechts und links zwei kurze Flügel an (Abb. 25). Das Gebäude wurde 1916 während des Ersten Weltkriegs fertiggestellt.

Schumacher hatte das kleine Gebäude mit der Absicht entworfen, auch den Hamburgern, fern der damaligen prominenten Kurorte, Trinkkuren zu ermöglichen, die in jener Zeit als gesund galten. Die historischen „Berichte des Stadtpark-Vereins" machen deutlich, wie rege diese Kuren genutzt wurden. Für das Jahr 1925 heißt es, dass im Durchschnitt zweihundert bis dreihundert Kurgäste an den morgendlichen Trinkkuren teilnahmen. Wärterinnen überwachten den Betrieb. Die vorgeschriebenen Spaziergänge konnten die Kurgäste in den Gärten absolvieren, die

die Trinkhalle umgeben. Damals war die mit Hecken umsäumte Anlage mit üppig bepflanzten Beeten ausgestattet. Nach der Trinkkur konnte ein Frühstück im nahegelegenen Landhaus eingenommen werden, ehe dann der Gang zur Arbeit angetreten wurde.

Im Kurgarten zeigt sich das Konzept des Stadtparks im Kleinen. Die Anlage ist von einer Hecke, von Bäumen und Büschen umgeben und stellt somit einen abgeschlossenen Raum dar. Innerhalb dieses Raumes gibt es eine Achse, an deren Enden sich jeweils ein Blickabschluss befindet, hier in Form der miteinander korrespondierenden Trinkhalle und der Bronzegruppe. Die Figur „Diana mit Hunden" wurde von dem Künstler Arthur Bock (1875–1957) geschaffen und von Oscar Troplowitz (1863–1918), dem legendären Beiersdorf-Unternehmer und Erfinder der Nivea-Creme, gestiftet (Abb. 26).

Der Kurgarten war in den 1970er Jahren zu einem Blindengarten mit Hochbeeten umfunktioniert worden. Diese sind inzwischen wieder entfernt worden. Die Trinkhalle hatte bis 2011 als Altentagesstätte gedient, bevor sie anlässlich des Stadtparkjubiläums denkmalgerecht saniert und 2013 als Café eröffnet wurde.

Zum Abschluss des Spaziergangs lohnt sich ein Besuch in einem der zahlreichen Cafés im Stadtpark. Zur U-Bahn-Station Borgweg sind es nur wenige Minuten.

25+26 TRINKHALLE IM KURGARTEN (1925) UND DIANA MIT HUNDEN

CAFÉS / RESTAURANTS

Landhaus Walter
Otto-Wels-Straße 2
www.eventcenter-hamburg.de
→ *Traditionslokal mit Biergarten, Beach- und Bluesclub*

Café am Planschbecken
Spielwiesenweg
www.cafe-planschbecken.de
→ *Kinder spielen, Erwachsene genießen Kaffee und Kuchen oder mediterrane und saisonale Gerichte*

Café Linne
Linnering 1
www.hamburgerstadtpark.de/gastro/gastro.htm#Cafe_Linne
→ *kleines Café in der Nähe der Jahnkampfbahn*

Café Sommerterrassen
Südring 44
www.sommerterrassen-hamburg.de
→ *stilvolles Lokal in idyllischer Wasserlage am Goldbekkanal mit Kanu-Verleih*

Die Bucht
Südring 46
www.die-bucht-hamburg.de
→ *Bar, Lounge und Café direkt am Wasser*

Die Trinkhalle
Südring 1
www.trinkhalle-hamburg.de
→ *Café und Biergarten in der historischen Trinkhalle*

Lese-Café am Rosengarten
Saarlandstraße 67 A
www.lesecafe-amrosengarten.de
→ *hausgemachte Kuchen und kleine Speisen aus saisonalen und regionalen Zutaten*

Parkvilla
Otto-Wels-Straße 6 A
→ *2015 eröffnetes Café im ehemaligen Licht- und Luftbad*

Schumachers Biergarten
Südring 5 B
www.schumachers-biergarten.de
→ *Biergarten mit schöner Aussicht auf See und Park*

FREIZEIT / SPORT

Bootsverleih auf der Liebesinsel
Südring 5 A
www.hamburgerstadtpark.de/gastro/gastro.htm#Bootsvermietung_am_Stadtparksee
→ *Bootsverleih mit kleinem Kiosk*

Jahnkampfbahn
Linnering 3
→ *Leichtathletikstadion in idyllischer Lage für Mitglieder des Leichtathletikverbands*

Minigolf
südlich der Festwiese, in Höhe des Südrings Nr. 5/38
www.hamburgerstadtpark.de/mgolf/minigolf.htm
→ *Minigolfanlage mit Kiosk und Kinderspielplatz*

Naturbad Stadtparksee
Südring 5 B
www.baederland.de
→ *Naturbad in reizvoller Parklandschaft*

Stand Up Paddling
Südring 5 B
www.sup-co.com
→ *Trendsport auf dem Stadtparksee*

THC Horn Hamm e.V.
Saarlandstraße 69
www.thc-hornhamm.de
→ *Tennis- und Hockeyanlagen für Mitglieder; der Gastronomiebetrieb steht auch Gästen offen*

KULTUR

Stadtpark Verein
Otto-Wels-Straße 3
www.stadtparkverein.de
→ *historische Parkrundgänge, Kräuterwanderungen, Gehölzrundgänge und vieles mehr*

Downtown Bluesclub
Otto-Wels-Straße 2
www.eventcenter-hamburg.de
→ *Rock- und Blueskonzerte in gemütlicher Clubatmosphäre*

Freilichtbühne
Saarlandstraße 71
www.hamburgerstadtpark.de/buehne/flb10.htm
→ *unvergessliche Konzerte großer Musiker von Mai bis September*

Planetarium
Otto-Wels-Straße 1
www.planetarium-hamburg.de
→ *abwechslungsreiches Programm, auch über die Astronomie hinaus*

→ *Viele weitere Informationen rund um den Stadtpark sind unter www.hamburgerstadtpark.de zu finden.*

CITY NORD 5

Dakarweg / Ecke Limaweg * Caracasweg * Kapstadtring * Singapurbrücke * Zentrale Zone * New-York-Weg * Osakabrücke * Überseering * Brücke ohne Namen * Tchibo-Zentrale * Halifaxweg / Ecke Manilaweg

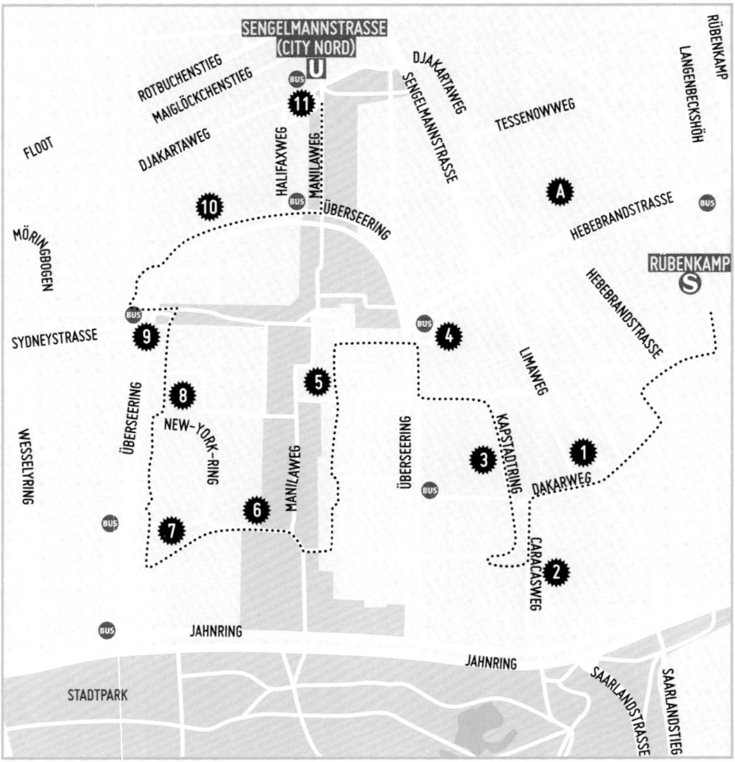

STARTPUNKT: S-Bahn-Station Rübenkamp (S1, S11)
ENDPUNKT: U-Bahn-Station Sengelmannstraße (U1)
DAUER: etwa 2 Stunden

Wie Stationen einer Weltreise lesen sich die Haltepunkte dieser letzten Tour durch Winterhude. Die Wege und Straßen in der City Nord wurden nach überseeischen Hafenstädten benannt und zeugen von einer Zeit, in der Hamburg seinen Blick wirtschaftlich und städtebaulich in die Welt richtete. Die „Geschäftsstadt Nord", wie das Stadtentwicklungsprojekt zunächst hieß, wurde auf dem Reißbrett entwickelt und von 1964 bis 1991 auf einem 120 Hektar großen stadteigenen Gelände zwischen Stadtpark und Flughafen errichtet (Abb. 1). Eigentlich sollte die City Nord schon rund zehn Jahre früher fertig sein, aber nach einem fulminanten Start zu Zeiten des Wirtschaftswunders geriet das Projekt Mitte der 1970er Jahre durch die Wirtschaftskrise und Kritik an dem Vorhaben ins Stocken. Trotz folgenschwerer Fehlentwicklungen ist die Bürostadt im Grünen mit über 300 Unternehmen und rund 30 000 Beschäftigten heute der wichtigste Bürostandort in Hamburg. Die Meinungen zur City Nord und ihren Bauwerken gehen weit auseinander – von der „Geisterstadt" mit „feudalen Büropalästen" bis zum „bedeutenden Zeugnis modernen Städtebaus" mit „Perlen der Architekturgeschichte" ist alles dabei. Wir werden uns diesem Ort, den viele Menschen nur vom Hörensagen oder Vorbeifahren kennen, nun aussetzen und uns ein eigenes Bild machen.

Unsere Strecke führt uns – den damaligen Entwicklungsschritten der Geschäftsstadt folgend – vom ersten Bauabschnitt im Osten durch das Zentrum mit Ladenpassage und Park über den zweiten Bauabschnitt im Westen und endet im dritten Bauabschnitt im Norden an der U-Bahn-Station Sengelmannstraße. Dabei werden wir die Geschichte des Ortes kennenlernen, etwas über die Gedanken der Planer erfahren und uns mit der Architektur in der City Nord beschäftigen. Neben den realisierten Bauten widmen wir uns auch den Projekten, die Worte und Zeichnungen auf Pa-

1 CITY NORD (2008)

pier blieben, und den Bauwerken, die längst der Abrissbirne zum Opfer gefallen sind.

Um zur ersten Station unserer Tour zu gelangen, nehmen wir den südlichen Ausgang der S-Bahn-Station Rübenkamp und gehen durch die (bei Redaktionsschluss im Abbruch befindliche) Kleingartenanlage, wo nun das „Pergolenviertel“ mit 1400 Wohnungen entsteht. Dort machen wir halt an der Stelle, an der sich Dakar- und Limaweg kreuzen.

1 DAKARWEG/ECKE LIMAWEG

„Das Wachstum der Städte zwingt die Städtebauer zu neuartigen Lösungen“, erklärte der Erste Bürgermeister Paul Nevermann (1902–1979) im Vorwort einer Senatspublikation mit dem Titel „Hamburgs neue Geschäftsstadt am Stadtpark“ im Jahr 1962 und machte weiterhin darauf auf-

2 KLEINGARTENANLAGEN NÖRDLICH DES STADTPARKS (UM 1930)

merksam, dass „kaum eine andere deutsche Großstadt Baulandreserven anbieten kann, wie sie hier erschlossen werden". Die beiden Sätze atmen den damaligen Zeitgeist mit seinem festen Glauben an Fortschritt und Technik und zeichnen das Bild der grünen Wiese in der Peripherie, die wie ein unbeschriebenes Blatt für die Stadtentwicklung genutzt werden konnte – was weder der Geschichte des Ortes noch dem Schicksal der damaligen Bewohner dieser Gegend gerecht wird.

Bis zum Beginn des 20. Jahrhunderts war das nördliche Winterhude ländlich geprägt, woran uns heute noch die Namen von Straßen und Bahnhöfen – wie Rübenkamp und Alsterdorf – an den Rändern der City Nord erinnern. Im Zuge der Planungen für den Stadtpark wurden die Ländereien in diesem Gebiet aufgekauft, die noch nicht im Besitz der Stadt waren. Nach dem Ersten Weltkrieg siedelten im Areal nördlich der Parkanlage zunehmend Kleingärtner (Abb. 2), in der Zeit des „Dritten Reichs" plante der mit der Neugestaltung Hamburgs zur „Führerstadt" beauftragte Architekt Konstanty Gutschow (1902–1978), die Fläche des Stadtparks in Richtung Norden zu verdoppeln. Doch mit dem Ausbruch des Zweiten Weltkriegs wurde dieser Plan zurückgestellt und die Flächen mit Behelfsheimen für ausgebombte Hamburger bebaut. Ende der 1950er Jahre lebten hier rund 4300 Menschen in 1250 Behelfsbauten und 1850 Lauben. Weniger idyllisch ging es einige Kilometer weiter südlich, in der City, zu. Die Hamburger Innenstadt, in die täglich rund 220 000 Beschäftigte strömten, erstickte förmlich im Verkehrschaos. Der durch das Wirtschaftswunder entstandene Expansionsdruck im Dienstleistungssektor machte sich nicht nur durch das wachsende Verkehrsaufkommen bemerkbar, sondern auch durch die zunehmend ins Stadtbild drängenden Bürohäuser in Innenstadt und Alsterviertel. Große Unternehmen, die als gute Steuerzahler geschätzt wurden und anders als etwa die Margarine-Union (heute Unilever; vgl. Hamburgbuch in dieser Reihe, Rundgang 3) in der Neustadt nicht in den Vorzug eines geeigneten Grundstücks kamen, lösten das Problem zunächst, indem sie immer neue Flächen hinzumieteten und ihre Abteilungen auf diese Weise in der ganzen Stadt verstreuten. Dies war auf lange Sicht allerdings keine Lösung. Daher drohten einige Unternehmen, in andere westdeutsche Städten umzusiedeln, sollte ihnen die Stadt kein geeignetes Bauland zur Verfügung stellen. Dementsprechend erleichtert reagierte der Senat, als Oberbaudirektor Werner Hebebrand (1899–1966) 1959 seine Idee eines Entlastungszentrums mit dem Arbeitstitel „Zweite City" präsentierte, die alle Probleme auf einen Schlag zu lösen versprach.

Inspiriert wurde Hebebrand zu diesem Projekt auf einer sechswöchigen Reise durch die USA im Jahr 1956, bei der er in der örtlichen Presse u.a. dadurch für Aufsehen sorgte, dass er entgegen amerikanischer Gewohnheit den Städtebau per pedes erkundete: „German pedestrian arousing curiosity by walking almost everywhere he goes." Die entscheidende Anregung für die City Nord bekam er bei der Besichtigung eines vornehmlich von solchen Unternehmen errichteten Bürohausviertels am New Yorker Central Park, denen es in Lower Manhattan zu eng geworden war. Fasziniert von diesen Eindrücken kehrte er mit dem Plan im Gepäck zurück nach Hamburg, in der größten Stadt der Bundesrepublik nach ähnlichen Ausweichmöglichkeiten zu suchen. Eine geeignete Fläche war schnell gefunden, und unter strengster Geheimhaltung entwickelte Hebebrand seine Vision für die zweite City nördlich des Stadtparks (Abb. 3), die sich an den Vorstellungen zur Idealstadt des 20. Jahrhunderts orientierte, wie sie von der CIAM mit der „Charta von Athen" gefordert wurde (vgl. Exkurs „Die Moderne und das Meer").

3 VISION DER ZWEITEN CITY NÖRDLICH DES STADTPARKS (1958)

Als die Pläne bekannt wurden, gingen die Bewohner auf die Barrikaden und sagten der Stadt den Kampf an: „Wir pochen auf unser Heimatrecht und wollen verhindern, dass aus dieser grünen Oase ein Bürohausviertel wird." Paul Nevermann, zu diesem Zeitpunkt noch Bausenator, versuchte ihnen zu erklären, dass „die Hansestadt mit ihrem schnellen Wachsen auch das Opfer des Abbruchs bringen muss", und versprach über Entschädigungszahlungen für ihre Schollen hinaus neuen Wohnkomfort zu günstigen Mieten in der geplanten Großsiedlung Steilshoop. Was heute als wenig attraktives Angebot erscheinen mag, war damals durchaus verheißungsvoll. Die modernen Wohnungen – mit fließend Wasser, Strom, Zentralheizung, eigener Küche und Bad – waren zur Zeit ihrer Errichtung sehr begehrt. 700 der insgesamt 1490 Kleingärtnerfamilien gaben sich indes mit der Offerte nicht zufrieden und protestierten weiter gegen den Bau der Geschäftsstadt (Abb. 4). Dabei ging es ihnen in der Hauptsache nicht um eine angemessene Entschädigung für den Ertrag ihrer jahrelangen Selbsthilfe, sondern sie kämpften um ihre Heimat und machten unmissverständlich klar, dass sich dieses Heimatgefühl weder auf Hamburg

4+5 ANWOHNERPROTEST GEGEN DIE GESCHÄFTSSTADT NORD (1959) UND GEGEN WOHNUNGSBAU HEUTE

noch auf Winterhude beziehe, sondern auf genau diese Gegend nördlich des Stadtparks. Da sie über 100 000 hanseatische Gartenfreunde hinter sich wussten und die Bürgerschaftswahlen vor der Tür standen, machte die Stadt ihnen ein Zugeständnis, das für damalige Verhältnisse als klarer Sieg für die streitbaren Bewohner bewertet werden kann. So sollten schließlich nicht nur in Steilshoop Ersatzwohnungen zur Verfügung gestellt werden, sondern auch 700 Wohnungen auf dem Gelände der Geschäftsstadt selbst. Diese sollten – anstelle von Tennisplätzen und zum Kummer einiger Unternehmen, die den repräsentativen Charakter des Geschäftsquartiers in Gefahr sahen – entlang der Hindenburgstraße am westlichen Rand des Planungsgebiets entstehen (vgl. Station 7).

Rund fünfzig Jahre später wiederholte sich die Geschichte in einem Kleingartengebiet im Osten der City Nord, das eigentlich schon längst der damals projektierten Ost-Tangente des Stadtautobahnnetzes und Sportanlagen hätte weichen sollen (vgl. Abb. 6). Als die Stadt 2011 bekanntgab, das 32 Hektar große Areal zwischen den S-Bahn-Stationen Rübenkamp und Alte Wöhr für den Bau von 1350 Wohnungen zu nutzen, gründete sich aus den beiden ansässigen Kleingartenvereinen „Heimat“ und „Barmbeker Schweiz“ die Initiative „Eden für Jeden – Hebebrand bleibt grünes Land“, die lange und leidenschaftlich für den Erhalt der 330 Parzellen kämpfte (Abb. 5). Von außen betrachtet konnten die Laubenpieper auch dieses Mal einen Sieg verzeichnen. So erreichten sie, dass 160 Parzellen – wenn auch kleiner und neu geordnet – in die Planung des neuen Quartiers mit dem Namen „Pergolenviertel" integriert wurden. Das bot aber einigen Kleingärtnern wenig Trost. „Im hohen Alter noch einmal auf schwarzer Erde anzufangen" kam für sie nicht infrage. Als Ersatz für die weggefallenen Schrebergärten schuf die Stadt 130 neue Parzellen auf anderen städtischen Flächen, sechzig davon im Anzuchtgarten des Stadtparks in direkter Nachbarschaft zur U-Bahn-Station Saarlandstraße.

Wir gehen nun in die City Nord hinein, biegen an der nächsten Kreuzung links in den (nicht beschilderten) Caracasweg ab und bleiben auf Höhe der großen Treppe stehen, die zum Haupteingang des Bürogebäudes auf der linken Seite führt.

2 CARACASWEG

Die Geschäftsstadt Nord galt damals – wie die HafenCity heute – als eines der größten und anspruchsvollsten städtebaulichen Projekte in Europa. Hinsichtlich ihrer Entstehungsbedingungen hatte sie eine weitere entscheidende Gemeinsamkeit mit dem großen Hamburger Stadtentwicklungsprojekt am Beginn des 21. Jahrhunderts. So trug die Stadt nämlich auch bei der Entwicklung der City Nord ein überschaubares finanzielles Risiko und übernahm lediglich die Kosten für die Planung und Aufschließung des Geländes sowie für die Gestaltung der öffentlichen Freiräume. Die städtischen Grundstücke wurden an private und öffentliche Unternehmen ver-

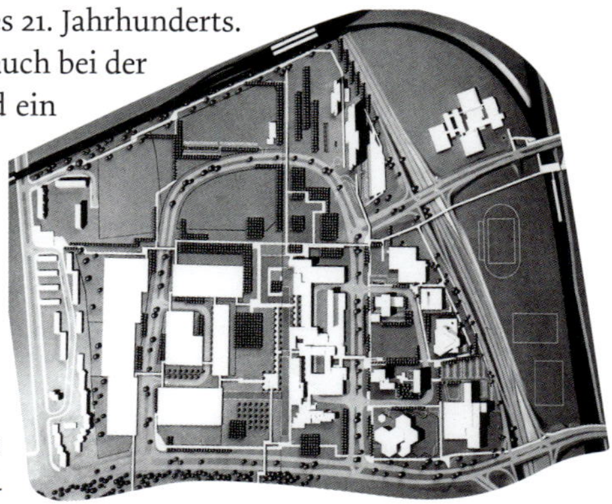

6 MODELL DER GESCHÄFTSSTADT NORD (UM 1968)

5

7+8 ARCHITEKTEN IM PLANGEBIET (1963)

kauft, die ihre Gebäude in selbständiger Planung errichteten. Um allerdings eine größtmögliche Qualität bei jedem einzelnen Bauvorhaben zu erreichen, wurden in den Kaufverträgen zahlreiche Auflagen, wie etwa die Durchführung von Architekturwettbewerben, verankert. Für die Gesamtplanung ließ die Baubehörde ein großes Einsatzmodell von der Geschäftstadt anfertigen (Abb. 6), in dem die städtebaulichen Platzhalter – vergleichbar dem Modell im Infocenter zur HafenCity im Kesselhaus der Speicherstadt – nach und nach durch die Siegerentwürfe der einzelnen Wettbewerbe ersetzt wurden.

Noch bevor die Hamburgische Bürgerschaft den neuen Flächennutzungsplan „Aufbauplan 1960", dessen herausragender Bestandteil die Geschäftsstadt Nord war, und den Durchführungsplan „D 100", der die Art und Weise der Bebauung und die Nutzung des Geschäftsgebiets definierte, zum Gesetz erhoben hatte, wurden Anfang der 1960er Jahre die Flächen für den ersten Bauabschnitt geräumt und vorbereitet. Zur gleichen Zeit führte die Finanzbehörde, die für die Vermarktung der Grundstücke zuständig war, bereits Gespräche mit Interessenten. Als schließlich der gesetzliche Rahmen geschaffen war, wurden die ersten Flächen verkauft und Architekturwettbewerbe ausgelobt. Dass nun immer wieder Busse im Plangebiet der Geschäftsstadt haltmachten, aus denen Gruppen von Architekten ausstiegen, um sich mit Umgebung und Grundstück vertraut zu machen (wie auf den Aufnahmen eines trüben Novembertags 1963, Abb.

7+8), wurde zu einem gewohnten Bild. Ein Jahr später begann der Bau der ersten Bürogebäude, und Hebebrands Vision einer zweiten City nördlich des Stadtparks nahm Gestalt an.

Das zwölfgeschossige Hochhaus, das sich auf der unserem Standort gegenüberliegenden Straßenseite gen Himmel streckt, wurde als erstes Bauwerk der City Nord bezogen und diente der Claudius Peters AG als Unternehmenssitz (Peter Neve, 1964–66). Eine ehemalige Mitarbeiterin des Bauunternehmens, Ute Schuppli, kann sich nicht nur gut an den Termin des Einzugs erinnern – es war der 6.6.1966 –, sondern auch daran, wie abenteuerlich ihr Weg zur Arbeit damals war: „Anfangs mussten wir über Bauschutt, Matsch und Bretterbohlen gehen, um zu unserem neuen Haus zu gelangen. Es wurde ja überall gebaut!" Und da es noch keine Einkaufsmöglichkeiten gab, richtete das Unternehmen im Untergeschoss einen kleinen Tante-Emma-Laden für seine 455 Mitarbeiter ein, in dem es fast alle Dinge des täglichen Bedarfs zu kaufen gab. Bereits acht Jahre nach dem Einzug wurde das Gebäude zu klein, und das Unternehmen verlegte eine Abteilung nach Buxtehude, wohin es später auch seinen Hauptsitz verlagerte. Neuer Nutzer des Ensembles am Kapstadtring war das Landgericht Hamburg, das den Bau für seine Zwecke herrichtete. Die Großraumbüros in dem aufgeständerten Scheibenhochhaus wurden nun in Einzelbüros umgewandelt, in dem darunterliegenden Betriebsgebäude fanden die Zellen für die Angeklagten und im angrenzenden Pavillon der Verhandlungssaal Platz. Der erste Prozess in der City Nord wurde übrigens gegen den bekannten Schlagersänger Drafi Deutscher geführt.

Seit ein paar Jahren steht das Gebäude leer, die Zukunft des denkmalgeschützten Bauwerks war lange Zeit ungewiss. Glücklicherweise hat sich inzwischen eine neue Nutzung als „Boarding House" ergeben, sodass uns ein elegantes Zeugnis der Nachkriegsmoderne erhalten bleibt, dessen Entwurf von dem deutschen Pavillon auf der Weltausstellung 1958 in Brüssel (Egon Eiermann und Sep Ruf) inspiriert sein dürfte.

Wir wenden uns nun um 180 Grad und widmen uns der ehemaligen deutschen Hauptverwaltung der Esso AG (heute Allianz AG; Schramm,

 Pempelfort und Grossner, 1964–68). Die monumentale Hochhausscheibe erhebt sich über einem weitläufigen Sockel und entfaltet sich windmühlenartig in zwei Haupt- und zwei Nebentrakte. Das Esso-Haus sollte 17 über die Innenstadt verteilte Abteilungen des Mineralölkonzerns zusammenfassen und bis zu 2000 Mitarbeitern Platz bieten, was die Architekten besonders bei der Erschließungsplanung vor eine schwierige Frage stellte: Wie können so viele Menschen (die morgens zur gleichen Zeit kommen und nachmittags zur gleichen Zeit wieder gehen) effizient durch das Gebäude geführt und Warteschlangen vor den Fahrstühlen vermieden werden? Die Lösung war einfach: Acht der elf Geschosse wurden – neben Treppen und Fahrstühlen – mit jeweils zwei Rolltreppen erschlossen, die zu den Stoßzeiten nur eine Richtung bedienten und während des Tages schnelle Wege durch das Haus ermöglichten. Diese Art der Erschließung, die man bis dahin nur aus Kaufhäusern kannte, wurde hier erstmals in Deutschland in einem Bürogebäude angewendet und war beispielgebend für viele andere Bauvorhaben. Um eine an die Unternehmensstruktur angepasste Flexibilität der Nutzung zu gewährleisten, wurden in der Esso-Zentrale Einzel- und Großraumbüros miteinander kombiniert. Ihre Lage im Gebäude lässt sich an der Fassade ablesen. Hinter den weißen Trakten mit den Fluchtgalerien verbergen sich die Großraumbüros, hinter den Trakten mit den dunklen Vorhangfassaden befinden sich die Einzelbüros, die in ihrer Größe variabel sind und so auch Platz für kleine Gruppenbüroräume boten (Abb. 9). In dem damals modernsten Bürogebäude Hamburgs wurde jedoch nicht nur gearbeitet. Den Mitarbeitern der Esso AG standen dort für die Mittagspause oder nach Feierabend u.a. ein Restaurant, ein Friseursalon, ein Fotolabor, eine Mehrzwecksporthalle (Abb. 10) und ein Schießstand zur Verfügung. Das war typisch für die Büroriesen dieser Zeit, wirkte sich jedoch negativ auf ihr Umfeld aus (vgl. Station 5).

Nachdem der Mineralölkonzern seinen Standort vor ein paar Jahren aufgab, kaufte die Hamburger TAS KG das mittlerweile denkmalgeschützte Gebäude und sanierte es für vierzig Millionen Euro. Seit 2012 dient es als neuer Hamburger Sitz der Allianz AG, die bis zum Einzug mit

9+10 ESSO-HAUS, GROSSRAUMBÜRO UND MEHRZWECKSPORTHALLE (UM 1969)

ihren 1500 Mitarbeitern an verschiedenen in der Stadt verteilten Standorten arbeitete und mit der räumlichen Bündelung an einem Standort nun eine alte Tradition der City Nord pflegt.

Auf dem Grundstück gegenüber, wo heute das Hochhaus der Hotelkette Holiday Inn und die neue Deutschlandzentrale der Deutschen Telekom entstehen, befand sich bis vor Kurzem die ehemalige Hauptverwaltung der Benzin und Petroleum AG (BP; Kraemer, Pfennig und Sieverts, 1964–71, Abriss 2014), ein in seiner Symbolhaftigkeit für die Bautätigkeit großer Konzerne typisches Gebäude: Treten diese als Bauherr auf, geht es mitunter nicht nur um die Funktionalität eines Gebäudes, sondern zugleich um eine Visitenkarte, die das Unternehmen nach außen repräsentiert. Bei keinem anderen Bauwerk in der City Nord trat diese Absicht so offensichtlich in Erscheinung wie beim BP-Haus, dessen Grundriss – mit seinen fünf um ein zentrales Sechseck angeordneten Sechsecken – die Assoziation zur chemischen Struktur des Benzolrings weckte und so die Nutzung durch den Mineralölkonzern versinnbildlichte. Besonders gut zu erkennen war das Signet aus der Vogelperspektive (vgl. Abb. 6 rechts unten), womit sich die Nähe zum Hamburger Flughafen – neben der guten Anbindung – als weiterer Vorteil erwies. Die Figur des Sechsecks zog sich wie ein roter Faden bis in die Details innen und um das Bauwerk herum – von den Tabletts in der Kantine bis zu den Pflanztrögen im Au-

11 BP-GEBÄUDE (1971)

ßenbereich. Und so abweisend das Gebäude die Angestellten und Besucher mit seiner grauen Fassade aus Waschbeton von außen auch begrüßte (Abb. 11), so herzlich empfing es sie im Inneren mit warmen Tönen.

Die Büros wurden beim BP-Haus konsequent – mit Ausnahme der Chefetage – als Großräume ausgeführt. Mit der freien und abwechslungsreichen Raumgestaltung mit belebenden Farben, Blickführungen, Wegefolgen und Aussichten zielten die Architekten auf die Schaffung einer Umgebung menschlicher Begegnung, die das Verständnis für Arbeit und Persönlichkeit des anderen fördern und Hierarchien abzubauen helfen sollte (Abb. 12). Zudem erleichterten die sogenannten „Bürolandschaften" die interne Kommunikation und ließen eine an veränderte Anforderungen angepasste Nutzung zu. Natürlich brachte dieser Bürotypus auch Nachteile mit sich, denn nicht alle Angestellten arbeiteten gern in dieser Atmosphäre. Störten sich die einen an der Geräuschkulisse, so empfanden die anderen Licht und Klima, auf das sie selbst keinen Einfluss nehmen konnten, als Manko. Heute bevorzugen die meisten Unternehmen kleinere Büroeinheiten, was die Vermarktung von Gebäuden mit Großräumen schwer macht. Entweder findet sich ein Nutzer, dessen Bedarf zu einem solchen maßgeschneiderten Bauwerk passt, oder man benötigt einen Investor, der es nach den Gegebenheiten des Marktes verändert. Im Fall des BP-Hauses gelang weder das eine noch das andere, und so wurde das markante und bedeutende Bauwerk – trotz Denkmalschutz und vorhandener Möglichkeiten zur Revitalisierung – nach dem Auszug des Mineralölkonzerns und jahrelangem Leerstand im Herbst 2014 dem Erdboden gleichgemacht.

Wir gehen nun ein kurzes Stück Richtung Westen, um uns die Bauwerke noch einmal mit etwas größerem Abstand bzw. aus einer anderen Perspektive anzusehen. Dann folgen wir dem Verlauf des Kapstadtrings in Richtung Norden und gelangen so zur nächsten Station südlich des Gebäudes mit der auffälligen weißen Fassade.

3 KAPSTADTRING

Auch hier hat sich das Gesicht der City Nord stark verändert – aber nicht nur durch Abriss und Neubau, sondern erfreulicherweise auch durch die Weiterentwicklung des Bestands oder zumindest unter Berücksichtigung eines Teils davon.

Auf der unserem Standort gegenüberliegenden Straßenseite klaffte seit dem Abriss der ehemaligen Verwaltungs-Berufsgenossenschaft (VBG; Otto Wunsch & Otto Mollenhauer, 1964–66, Abriss 2004) jahrelang eine große Lücke. Kurz vor seinem Abriss wurde das Erscheinungsbild des Ensembles – bestehend aus einem flachen Baukörper, der sich unter ein aufgeständertes Scheibenhochhaus schob, und einem freistehenden

12 GROSSRAUMBÜRO IM BP-GEBÄUDE (1971)

13 LINKS DIE VBG, DAHINTER DIE LVA UND RECHTS DAVON DIE FARBWERKE HOECHST AG (1972)

Pavillon mit Grabendach – in einer Publikation des Denkmalschutzamts Hamburg über die City Nord noch als „elegant und markant" beschrieben (Abb. 13). Ein Jahr zuvor wurde nördlich der VGB die ehemalige Landesversicherungsanstalt (LVA; Curt Siegel und Rudolf Wonneberg, 1967–69, Abriss 2003) rückgebaut. Die sachlich strenge Architektur dieses Verwaltungsgebäudes hatte ihren Reiz, konnte aber nicht jeden überzeugen. Für den Architekturpublizisten Ralf Lange hatte das Bauwerk mit seinen Waschbetonbrüstungen der umlaufenden Galerien „den gestalterischen Charme einer Parkpalette" (Abb. 13). Beiden Gebäuden wurde ihre Ausführung als Großraumbüros zum Verhängnis, und so mussten sie neuen zeitgemäßen Bürogebäuden mit den Namen „Ü 8" und „Oval Office" weichen.

Wenden wir uns nun aber den weniger umstrittenen Beispielen zu. Bei der Planung der ehemaligen Verkaufszentrale der Farbwerke Hoechst AG (heute Haus der Wirtschaft; Gerhard Weber, 1966/67) sollten möglichst viele Bauelemente aus der Produktpalette des Bauherrn berücksichtigt werden. So wurde hier erstmals die vom Chemiekonzern entwickelte

Fassadenverkleidung aus weißem und profiliertem Kunststoff mit dem Produktnamen „Hostalit Z“ verbaut, mit dem das Unternehmen einen neuen Markt erschließen wollte. Da die Fassade jedoch den Anforderungen an den Brandschutz nicht genügte, scheiterte dieser Plan, und die im Original erhaltene Fassade stellt heute weltweit ein Unikat dar (Abb. 13). 1998 wechselte das viergeschossige Gebäude den Eigentümer und wurde im Rahmen einer Kernsanierung um zwei Geschosse aufgestockt, die sich architektonisch vom Altbau abheben und so die Weiterentwicklung sichtbar machen. Die der Aufstockung vorgesetzten Glaslamellen dienen dem Sonnenschutz und wurden auf der Südseite mit Solarzellen einer Photovoltaikanlage ausgestattet.

Nicht ganz so vorbildlich – und trotzdem der Erwähnung wert – wurde mit dem ehemaligen Sitz der Nova Versicherungen (später Signal Iduna; Klaus Langer und Hildemar Urban, 1968–70, Abriss 2001) ein Grundstück weiter südlich umgegangen. Das Bürogebäude gliederte sich ursprünglich in zwei Baukörper: ein großes rechtwinkliges Sockelgeschoss und ein darüber aufgeständertes Hochhaus in abgerundeter Dreiecksform (vgl. Abb. 16, Gebäude am linken Bildrand). Als die Signal Iduna sich Ende der 1990er Jahre entschied, den Altbau durch ein neues Bürogebäude zu ersetzen, blieb der Flachbau samt den beiden Untergeschossen erhalten.

Um zur nächsten Station zu gelangen, folgen wir weiter dem Verlauf des Kapstadtrings bis zu der Stelle, an dem er in den Überseering mündet. Dort biegen wir rechts ab, um nach wenigen Metern über die Treppe (oder die Rampe) auf die Fußgängerbrücke zu gelangen.

4 SINGAPURBRÜCKE

Dem monumentalen Bauwerk in nördlicher Richtung werden wir uns bei der letzten Station unseres Rundgangs widmen. Das braune Gebäude-Ensemble östlich davon ist die ehemalige Ingenieurschule für Bauwesen (vorher Bauschule, später Fachhochschule Hamburg, danach Hochschule für Angewandte Wissenschaften Hamburg, heute HafenCity Universität

14 INGENIEURSCHULE (1972)

Hamburg; Hochbauamt / Helbrecht, 1963–69), die bis zu ihrem Umzug in dem vom Staatlichen Technikum und Museum für Kunst und Gewerbe geteilten Gebäude am Steintorplatz in St. Georg untergebracht war. Mit Ausblick auf die wachsende City Nord wurde dort Architektur, Bauingenieur- und Vermessungswesen studiert (Abb. 14). Anfang 2014 zogen die entsprechenden Fachbereiche der HafenCity Universität Hamburg aus, um sich in einem Neubau an der Überseeallee in der HafenCity mit den anderen Studiengängen der 2006 gegründeten Universität für Baukunst und Metropolenentwicklung zu vereinen – und nun diesem Stadtteil beim Wachsen zuzusehen.

Vor Kurzem hat die Hochschule für Musik und Theater den frei gewordenen Campus an der Hebebrandstraße in Beschlag genommen, da am Stammsitz in Pöseldorf Sanierungsarbeiten anstanden. Ab 2017 sollen die Studierenden dann wieder an ihren alten Standort mit Blick auf die Außenalster zurückkehren können. Weil ungewiss ist, was danach mit der ehemaligen Ingenieurschule geschieht, lohnt es sich, einen Abstecher dorthin (A) zu machen, um einmal über den Campus zu flanieren und mit etwas Glück einen Blick in das Hauptgebäude mit seinem großen Atrium und der skulpturalen Treppe werfen zu können (Abb. 15).

Hier am östlichen Überseering, an der Grenze vom ersten Bauabschnitt zum Zentrum, lässt sich die Weiterentwicklung der City Nord und der allgemeinen Stadtplanung in dieser Zeit gut ablesen. Auch wenn der Verkehr bereits in der Konzeption einer „funktionsgetrennten und aufgelockerten Stadt" (vgl. Exkurs „Die Moderne und das Meer") ein besonderes Augenmerk fand, geriet er Anfang der 1960er Jahre aufgrund verschiedener Entwicklungen noch stärker in den Fokus. Zum einen nahm zu dieser Zeit durch das Wirtschaftswunder die Zahl der Pkw auf den Straßen stark zu: Hatte 1948 nur jeder 53. Hamburger einen eigenen Pkw besessen, so bewegte sich 1965 bereits jeder fünfte Hamburger im eigenen Automobil durch die Stadt. Das sorgte nicht nur für verstopfte Straßen und einen drohenden Verkehrsinfarkt, sondern führte auch zu einer rasant steigenden Zahl an Verkehrstoten, auf die die Stadtplaner mit großzügigen Straßen für den ungehinderten Fluss des motorisierten Verkehrs und getrennten Wegen für den sicheren Fußgängerverkehr antworteten.

In der City Nord wurde diese Trennung durch zwei Verkehrsebenen umgesetzt: Unten fahren die Autos auf der Geländeebene, oben laufen die Fußgänger in einer Höhe von fünfeinhalb Metern auf einer zweiten Ebene, die durch Fahrtreppen, Treppen, Rampen und Brücken zu erreichen ist und auf der sich auch die Haupteingänge der Gebäude befinden (Abb. 16+17). Neben den Wegen auf dem erhöhten Niveau verbinden auch Wege auf dem Geländeniveau – straßenbegleitend sowie abseits des motorisierten Verkehrs – die Bürogebäude zielgerichtet und kreuzungsfrei

15 ATRIUM DER INGENIEURSCHULE (1972)

16 DAKARBRÜCKE (1972)

mit dem Zentrum und den Haltestellen der City Nord. Die Idee und der Plan für ein solches Wegenetz waren gut, nur waren leider die Mittel – wie bei so vielen Projekten in dieser Zeit – knapp, sodass es nicht vollständig umgesetzt wurde. Die Singapurbrücke etwa sollte ursprünglich Teil eines Knotenpunkts mit einer weiteren Brücke in Richtung Norden und einer langen Verbindung über die projektierte Stadtautobahn in Richtung Osten bis zur S-Bahn-Haltestelle Rübenkamp sein (vgl. Abb. 6).

17 AUFGANG ZUR DAKARBRÜCKE (1972)

Als nächstes führt uns die Strecke in den wohl urbansten Teil der City Nord, der sich gleich hinter der Unterführung befindet.

DIE MODERNE UND DAS MEER

„Congrès Internationaux d'Architecture Moderne" (CIAM) nannten sich die Zusammenkünfte von Architekten und Städtebauern der internationalen Avantgarde wie Le Corbusier (1887–1965) und Walter Gropius (1883–1969), die seit ihrem Beginn im Jahre 1928 die Städtebaudiskussionen und die Entwicklung der Architektur bis weit in die Nachkriegszeit dominierten. Das wohl bedeutendste ihrer Manifeste, die „Charta von Athen", ist aus dem vierten Kongress zum Thema „Die funktionelle Stadt" im Sommer 1933 hervorgegangen. Seine Entstehungsgeschichte liest sich wie ein modernes Märchen.

MODERNISTEN AN DECK DER PATRIS II ...

Keine Heimat für Modernisten, müssen sich die aus unterschiedlichen politischen Hemisphären stammenden Mitglieder der CIAM wohl gedacht haben, als die Nationalsozialisten das Bauhaus in Dessau als „Kirche des Marxismus" angriffen und Josef Stalin den sozialistischen Klassizismus zum einzig zulässigen Baustil in der Sowjetunion erklärte. Und so entschieden sie sich, ihren Tagungsort kurzerhand von Moskau aufs offene Meer zu verlegen. Auf dem Weg von Marseille nach Athen wurden an Bord des weißen Dampfers „Patris II" 34 im Vorfeld des Treffens akribisch kartierte Städte aus 18 Ländern der Welt auf ihre spezifischen städtebaulichen Probleme und Herausforderungen untersucht, um allgemeingültige Lösungen zu diskutieren und zu formulieren. Die Ergebnisse und Forderungen dieses Kongresses wurden zwar 1935 im Rahmen einer Ausstellung in Amsterdam präsentiert, aufgrund der politischen Entwicklungen verliefen jedoch alle Bemühungen um eine Publikation im Sande. Sinnbildlich trieben die Ideen der Moderne so noch einige Jahre auf der weißen Arche durch die schweren Stürme der Kriegsjahre, bis ihr heimlicher Kapitän – Le

Corbusier – sie 1943 zu einem schmalen Büchlein mit dem Titel „Charta von Athen" zusammenfasste.

Nach dem Zweiten Weltkrieg wurde das Manifest, das im Kern die räumliche Trennung der vier Funktionen Wohnen, Freizeit, Arbeiten und Verkehr forderte, zum Leitbild der Architekten und Städtebauer in der westlichen Welt. Und so fand die Moderne beim Wiederaufbau der vom Krieg zerstörten Städte, in Trabantenstädten und Neugründungen von Städten ihren baulichen Niederschlag.

... UND WÄHREND DES KONGRESSES UNTER DECK

5 ZENTRALE ZONE

Im Zentrum der Geschäftsstadt Nord sollten Einrichtungen wie ein Hotel, Restaurants, Cafés und Bars, ein Lichtspieltheater, größere und kleinere Läden, Bankfilialen, Büroflächen für Anwälte, Notare, Makler, Ärzte und andere freiberuflich Tätige sowie öffentliche Dienststellen wie Polizei und Post ihren Platz finden. Die „Zentrale Zone" (Abb. 18+19) sollte vornehmlich der Versorgung der in der Bürostadt beschäftigten Menschen dienen und so ausgestattet sein, dass die City Nord weitgehend unabhängig von der City funktionieren würde. Der Bau des Zentrums wurde deshalb bereits vor Baubeginn der Geschäftsstadt als vorrangig eingestuft. Doch nachdem Werner Hebebrand 1964 als Oberbaudirektor abgesetzt worden war, verschoben sich die Prioritäten, und die für das Projekt so wichtige Mitte wurde nur stiefmütterlich entwickelt. Hebebrands Nachfolger Otto Sill (1906–1984) war von Haus aus Verkehrsplaner und hatte sich dem Ausbau Hamburgs zur „autogerechten Stadt" verschrieben. Zudem wurden Bedenken laut, dass die Zentrale Zone dem im Bau befindlichen größten innerstädtischen Einkaufszentrum Deutschlands – der Hamburger

18+19 ZENTRALE ZONE (LUFTBILD 1992, STRASSENANSICHT 2012)

Straße (heute Hamburger Meile) – Konkurrenz machen könnte. Als die ersten Bürohäuser bezogen waren und noch kein geeigneter Bauträger für das Zentrum gefunden war, wuchs der Druck, und die Stadt begann, die Grundstücke kleinteilig zu vergeben, wovon auch Unternehmen profitierten, die sich bereits in der Geschäftsstadt angesiedelt hatten bzw. im Begriff waren, dies zu tun. So baute u.a. die Esso AG das Esso Motor Hotel (heute Leonardo Hotel; Ingeborg und Friedrich Spengelin, 1968/69) als südlichen Abschluss der Zentralen Zone mit Blick auf den Stadtpark und die BP eine Hochgarage (1969), da nicht ausreichend Parkplätze auf dem eigenen Grundstück untergebracht werden konnten. Helmut Greve (1922–2016), der zuvor bereits über zehn Jahre als Wohnungsbauinvestor in Hamburg aufgetreten war, errichtete darüber hinaus Büro- und Verkaufsräume (1969–72).

In diesem Teil der City Nord wurden den Bauherren keine Architekturwettbewerbe auferlegt. Um die Gestalt der Zentralen Zone jedoch nicht ganz dem Zufall zu überlassen, beauftragte Sill das Architektenpaar Ingeborg und Friedrich Spengelin (*1923/*1925) damit, einen Gestaltungsrahmen zu entwickeln. Als der Deutsche Ring sein Interesse bekundete, neben Büros und Läden auch Wohnungen (1969–72) an diesem Standort zu bauen, bekam er auf Empfehlung von Friedrich Spengelin eine Sondergenehmigung erteilt. Auf diese Weise erhoffte man sich, die Nutzung der Infrastruktur über den ganzen Tag hinweg zu gewährleisten. Doch das Herz der City Nord mit Ladenpassage begann nie so recht zu schlagen, was nicht zuletzt hausgemachten Fehlern geschuldet war. Zum einen versorgten die großen Unternehmen (wie die Esso AG, vgl. Station 2) ihre Mitarbeiter selbst, zum anderen wurde eine geplante U-Bahn-Station nie realisiert, sodass die Laufkundschaft fehlte. Dies hatte wiederum einen schlechten Ladenmix sowie Leerstand zur Folge und führte dazu, dass die in der City Nord beschäftigten und wohnenden Menschen lieber (wieder) andernorts einkaufen gingen. Eine Abwärtsspirale. In einem leer stehenden Laden ihres Ehemanns eröffnete Hannelore Greve (*1926) kurzerhand ein Einrichtungshaus für englische Stilmöbel sowie internationales Design und machte so ihr Hobby zum Beruf. Kurze Zeit nach der Eröffnung expandierte sie mit ihrem Geschäft und bezog größere Flächen im nördlichen Teil der Zentralen Zone, wo man sie bis heute findet. Seit einigen Jahren ist in der Mitte ein Wandel spürbar. Gebäude werden saniert, und der Leerstand geht zurück. Mit dem in der Entwicklung befindlichen Pergolenviertel und vor allem mit der in der Nähe geplanten U-Bahn-Station (vgl. Station 7) wird sich diese Entwicklung fortsetzen, sodass dieser urbane Ort vielleicht doch noch mit Leben gefüllt wird.

Wir gehen nun durch die Zentrale Zone bis zu ihrem südlichen Ende, wo wir rechts abbiegen und über die Rampe zu unserer nächsten Station in der zentralen Grünanlage der City Nord gelangen.

6 NEW-YORK-WEG

Am Anfang war das Grün. Auch so könnte die Erzählung der Entwurfsgeschichte der Geschäftsstadt Nord beginnen. Denn anders, als man es sich vielleicht vorstellen mag, ist die städtebauliche Gestalt der City Nord nicht aus einer Ansammlung von Bauklötzen samt Anschluss an das bestehende Straßennetz hervorgegangen. Am Anfang stand vielmehr die einfache Idee, das Stadtparkgrün über eine breite Achse von Süden nach Norden durch das Zentrum der Bürostadt zu verlängern. Die zentrale Grünanlage war somit der Genius loci der City Nord, da sie die weitere Entwurfsarbeit bestimmte und die nächsten Planungsschritte aus ihr folgten. So wurde etwa die Haupterschließung der City Nord – der Überseering – in einem Bogen um die zentrale Grünzone geführt, sodass diese nur an einer Stelle durchbrochen wurde. Für die Detailplanung des öffentlichen Grüns und die Ausarbeitung der Ausführungspläne lobte die Stadt Mitte der 1960er Jahre einen Wettbewerb aus, bei dem sich der Hamburger Gartenarchitekt Günther Schulze (1927–1994) durchsetzen konnte und den Auftrag erhielt. Um den repräsentativen Charakter der Bürostadt zu stärken, sah er Baumpflanzungen in Reihen und Blöcken, eine großzügige und zielstrebige Wegeführung, Pflaster- und Plattenflächen in verschiedenen Farben und Materialen sowie große zusammenhängende Rasenflächen vor. Die Architektur wurde durch die Pflanzung nur einer Baumart (Platanen) in Reihen, Alleen und Blöcken im 7- und 14-Meter-Raster unterstrichen, die in den Kronen zu Blöcken bzw. Baumwänden zusammenwachsen und alle paar Jahre in Form gebracht werden sollten. Zum ursprünglichen Entwurf gehörten auch drei Wasserbecken, die lebendige Beziehungen zu den umliegenden Bauten herstellen sollten, aber aus Kostengründen nicht realisiert wurden (Abb. 20). Die Grüngestaltung der privaten Bauvorhaben wurde per Auflage nicht nur auf eine Größe von mindestens 35 Prozent der Grundstücksfläche festgelegt, sondern sollte im besten Fall dem Wettbe-

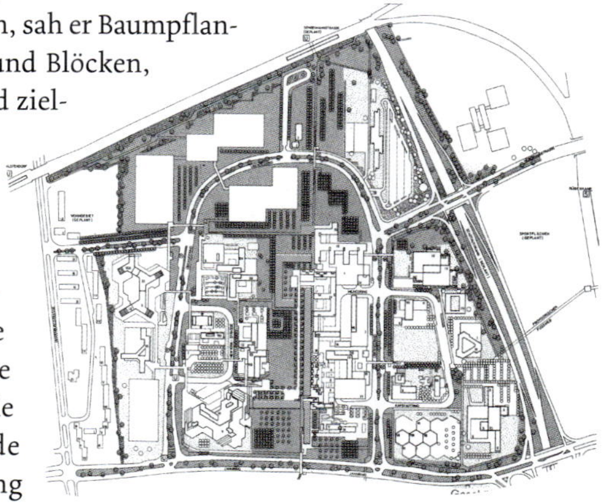

20 GRÜNFLÄCHENPLAN DER GESCHÄFTSSTADT NORD (1973)

21+22 ZENTRALE GRÜNANLAGE (1979)

werbsgewinner Schulze überlassen werden. Bei anderweitiger Beauftragung mussten ihm die Planungen aber in jedem Fall zur Abstimmung vorgelegt werden. Nachdem die zentrale Grünanlage fertiggestellt war und die Platanen die ersten Blätter trugen, fotografierte Schulze sein Werk (Abb. 21+22), das heute unter Denkmalschutz steht.

Die Rasenflächen des Gartendenkmals dürfen selbstverständlich betreten und benutzt werden. Neben ihrem Erholungswert für die in der City Nord beschäftigten und wohnenden Menschen ist die zentrale Grünanlage seit ein paar Jahren auch Schauplatz der neuen Trendsportart Discgolf. Wie der Name bereits vermuten lässt, handelt es sich bei dieser Disziplin um eine Mischung aus Frisbee und Golf – eine Sportart mit großem Spaßfaktor und, im Vergleich zum richtigen Golf, sowohl finanziell als auch im Hinblick auf die geforderten Fertigkeiten geringen Einstiegshürden. Anstatt einen kleinen Ball mit möglichst wenigen Schlägen in ein Loch zu befördern, werden beim Discgolf kuchentellergroße Plastikscheiben (die Discs) mit möglichst wenigen Würfen in einen Korb manövriert (Abb. 23+24). Der Golfer wechselt seine Schläger, der Discgolfer die Scheiben. Es gibt drei Arten von Discs: „Driver“ für die langen Distanzen, „Midrange“ für Mittelstrecken und „Putter“ für das „Einlochen“ auf kurzen Entfernungen. Um sich in dieser Sportart auszuprobieren, reicht für den Anfang die Frisbee aus dem letzten Sommerurlaub. Die Bahnen in der City Nord sind so ausgelegt, dass ein geübter Spieler die Scheibe mit 3 Würfen (= Par) im Fangkorb versenkt. Der Parcours in der City Nord darf jederzeit und kostenlos bespielt werden. Er verfügt über neun Bahnen und erstreckt sich über die gesamte Länge der Parkanlage entlang des Manilawegs vom Startpunkt an der U-Bahn-Station Sengelmannstraße bis zum letzten Korb auf der Wiese am Jahnring. An Sonntagen ist die Wahrscheinlichkeit groß, Mitglieder des heimischen Discgolf Clubs Hamburg anzutreffen. Dieser veranstaltet regelmäßig Turniere für jedermann und freut sich wie die meisten Vereine über neue Mitglieder. Weitere Informationen sind auf den Schildern entlang des Parcours und im Internet zu finden.

Wir verlassen nun das Grün und folgen dem Verlauf des New-York-Wegs Richtung Westen. Dabei halten wir uns links und gehen über die nächste Rampe wieder hinauf auf die Fußgängerebene, um von dort auf die über den New-York-Ring führende Brücke zu gelangen.

23+24 FANGKORB UND DISCGOLF-SPIELER

7 OSAKABRÜCKE

In einem Beitrag für die Fachzeitschrift „Bauwelt" skizzierte Werner Hebebrand im Jahre 1959 die Vision, „mit Hubschraubern als Lufttaxis [...] das neue Geschäftsgebiet mit der Innenstadt zusätzlich zu verbinden". Hätte er gewusst, dass die City Nord Mitte der 1970er Jahre nach einem anfänglichen Höhenflug im wahrsten Sinne des Wortes auf der Strecke bleiben würde, hätte er diese Idee sicherlich für sich behalten. Durch ihre monofunktionale Struktur und Randlage war und ist eine gute Anbindung von Trabantenstädten – wie der Bürostadt City Nord oder der Schlafstadt Steilshoop – an den Rest der Stadt sowohl durch Straßen für den motorisierten Individualverkehr als auch durch Schienen für den öffentlichen Personennahverkehr von elementarer Bedeutung. Für beide Verkehrsarten gab es in Hamburg zwar große Pläne, diese wurden aber nur teilweise oder gar nicht umgesetzt. Dass das Stadtautobahnnetz, dessen Ost-Tangente die Geschäftsstadt mit Flughafen und Innenstadt verbinden sollte, nicht realisiert wurde, mag man heute als glückliche Fügung empfinden. Für die City Nord aber wäre sie ein wichtiger Standortfaktor gewesen, der Verzicht auf das Projekt markierte also eine tiefe Zäsur in einer ohnehin schwierigen Zeit. Noch schlimmer wirkte sich jedoch auf die Entwicklung der City Nord aus, dass die versprochene U-Bahn-Linie 4 (U4) mit einer Haltestelle im Zentrum der Geschäftsstadt nicht realisiert wurde. Hatte es zu Beginn noch den Plan gegeben, eine U-Bahn-Station unterhalb der Fußgängerzone zu bauen, so musste dieser verworfen werden, weil die Haltestelle bereits vor dem Bau der Zentralen Zone hätte fertiggestellt sein müssen. So aber entschied man sich für einen neuen Standort im südwestlichen Teil der City Nord. Die U-Bahn-Station Jahnring sollte unter dem Überseering realisiert werden, ihr nördlicher Eingang hätte sich direkt vor unseren Füßen befunden. 1974 wurden die Planungen für die U4 schließlich aus Kostengründen eingestellt. Dass die City Nord besser hätte angebunden werden müssen, war Regierenden und Planern zweifelsohne bewusst, was nicht zuletzt ihr Versuch beweist, sie

25 AUSBLICK VOM WESSELYRING AUF DIE WACHSENDE GESCHÄFTSSTADT (1968)

mit einem alternativen Verkehrssystem zu erschließen. Heute wäre die dafür projektierte „C-Bahn“ (CAT, vgl. Exkurs „Die ungebaute Vision“) mit Sicherheit eine große Attraktion.

Ende 2015 hat die Hamburger Hochbahn AG ihre Pläne für die neue U-Bahnlinie 5 (U5) vorgestellt, die im Bereich der City Nord im Wesentlichen den Planungen der damaligen U4 entspricht. Die U-Bahn-Station erhielt anders als in den ursprünglichen Planungen allerdings den Namen New-York-Ring statt Jahnring. Der erste Teilabschnitt zwischen den Stationen Bramfelder Dorfplatz und New-York-Ring soll 2026 in Betrieb genommen werden und u.a. die Großsiedlung Steilshoop anbinden. Erstmals in Hamburg werden auf dieser Linie führerlose Züge zum Einsatz kommen, die eine Verdoppelung der Taktfrequenz möglich machen. Ab 2025 soll die U5 von der City Nord in Richtung Innenstadt über Winterhude und Uhlenhorst weitergebaut werden.

26 TATORT-KOMMISSAR IM LKA-BÜRO

Zwischen dem ehemaligen Hauptsitz der Deutschen Texaco (heute RWE Dea; Jost Schramm und Jürgen Elingius, 1974–77) mit den orangenen Streifen und dem sogenannten „Silberling" (Architekten Schweger + Partner, 1991–95) sehen wir ein paar der Gebäude am Wesselyring mit den bereits erwähnten Ersatzwohnungen für jene Bewohner, deren Behelfsheime und Lauben damals dem Bau der Geschäftsstadt Nord weichen mussten. Statt der versprochenen 700 Wohnungen wurden jedoch nur 561 gebaut, und neben den ehemaligen Gartenbewohnern zogen dort Ende der 1960er Jahre auch Menschen aus anderen Hamburger Stadtteilen ein. Für Hans Georg Timm mit seiner Frau Gisela und Sohn Ulrich, die aus Altona zuzogen, war die Wohnung im obersten Stockwerk „Luxus pur", wie Herr Timm heute schwärmt. „Nach Westen ist der Ausblick aus unserer Wohnung im Wesentlichen gleich geblieben. Aber nach Osten hin hat sich sehr viel verändert. Damals war das Esso-Haus gerade fertig, das BP-Gebäude war im Bau. Zwischen den Baustellen und dem Wesselyring erstreckte sich ein riesiges brachliegendes ehemaliges Schrebergartengelände – ein kleines Paradies (Abb. 25). Da gab es Obstbäume, Erdbeeren, Kartoffeln zum Selberernten. Und Vögel, selbst Fasane und Bussarde. Einmal war sogar ein Storch gelandet. Aber dann wuchs die City Nord unerbittlich heran. In dieser Zeit habe ich durch bloßes Zu- und Hinschauen einiges gelernt über Bautechnik und Logistik. Gespenstisch war es, wenn nachts unter dem Flutlicht mächtiger Scheinwerfer gebaut wurde."

Ein bisschen unheimlich ist die City Nord in der Dunkelheit bisweilen noch heute. Manchmal tummeln sich nämlich mitten in der Nacht zwielichtige Gestalten rund um düstere Gebäudekomplexe und liefern sich wilde Verfolgungsjagden durch verlassene Parkhäuser oder in die Jahre gekommene Bürogebäude. Aber nur vor laufender Kamera – mit der beschriebenen Szene beginnt der Tatort „Willkommen in Hamburg" mit Til Schweiger als Hauptkommissar Nick Tschiller (Abb. 26). Neben den düsteren und urbanen Motiven im Außenbereich ist die City Nord aber auch wegen ihrer futuristischen Architektur und Großraumbüros ein gefragter Drehort. So dient die ehemalige Unternehmenszentrale der Hamburg Mannheimer Versicherungs AG (heute Ergo-Lebensversicherung AG; Ingeborg und Friedrich Spenglin/Graaf und Schweger, 1969–74), an der wir auf dem Weg hierher vorbeigelaufen sind, im Hamburger Tatort als Landeskriminalamt (LKA; Abb. 26).

Auf dem Weg zur nächsten Station gehen wir auf dem erhöhten Niveau in Richtung Norden, lassen zwei Brücken links liegen, überqueren eine weitere und machen vor dem Haupteingang des dahinterliegenden Bürogebäudes am Überseering 35 halt.

DIE UNGEBAUTE VISION

Auf Initiative und durch Förderung des Bundesministeriums für Forschung und Technik (BMFT) gründete sich 1970 eine Arbeitsgemeinschaft aus den Firmen Mannesmann DEMAG und Messerschmitt-Bölkow-Blohm, die es sich zur Aufgabe machte, den Nahverkehr mit einem computergesteuerten Verkehrsmittel namens „Cabinentaxi" (CAT) zu revolutionieren. Vier Jahre später stellten die Entwickler das visionäre Projekt erstmals einer breiten Öffentlichkeit vor. Im Schatten der ersten Ölkrise atmete ein Werbefilm für das

CAT, HALTESTELLE

5

Projekt im „Deutschlandspiegel“ noch immer den festen Glauben an unendlichen Fortschritt und ein ewig währendes Wirtschaftswunder. Der Spot begann mit dem vielversprechenden Satz „Ein Verkehrsmittel von morgen – made in Germany“ und endete mit Bildern von der Teststrecke bei Hagen, auf der das CAT seine Vorzüge unter Beweis stellte. Das neue Verkehrsmittel sollte demnach nicht nur helfen, die Ballungszentren vom Auto zu befreien, sondern versprach auch, Trabantenstädte auf attraktive Weise zu erschließen. Mit kleinen Transporteinheiten für maximal drei Personen war es darauf ausgelegt, die Fahrgäste automatisch und ohne Zwischenhalt schnell an ihr Ziel zu bringen. Da sich die Fahrzeuge nahezu geräuschlos fortbewegten und keinerlei Abgase ausstießen, handelte es sich um ein sehr umweltfreundliches Transportsystem, das obendrein versprach, im Vergleich mit Bus und Bahn wirtschaftlicher abzuschneiden. Letzteres Argument war für die Hamburger Hochbahn AG ein überzeugender Grund, die Einführung dieses Verkehrsmittels im Rahmen einer Machbarkeitsstudie zu prüfen, nachdem der weitere Ausbau des U-Bahn-Netzes Mitte der 1970er Jahre aufgrund von Sparmaßnahmen beendet wurde. Der Hamburger Senat stimmte 1978 dem Bau einer Demonstrationsanlage in der City Nord zu. Geplant war eine kleine Ringstrecke mit einem Doppelfahrbahnweg und drei Haltestellen, die an das Niveau der Fußgängerebene angeschlossen werden sollten. Anders als beim „Cabinentaxi“ sollten in dieser Version jedoch größere Fahrzeuge bis zu zwölf Personen befördern können und an jeder Station halten, weshalb das Projekt unter dem Namen „C-Bahn“ geführt wurde. Neben der besseren Anbindung erhoffte man sich zudem, dass die umlaufenden Kabinen die sonst eher sterile Atmosphäre der City Nord beleben könnten. 1980 fiel das Projekt dann auf Bundesebene dem Rotstift zum Opfer. Das BMFT hielt das CAT nunmehr für betriebsreif und strich die Fördergelder. Daraufhin stellte Hamburg die Planungen für die C-Bahn in der City Nord ein.

8 ÜBERSEERING

Zunächst widmen wir uns dem Bauwerk auf der gegenüberliegenden Straßenseite, das wie eine unvollendete Pyramide aussieht. Es handelt sich dabei um den ehemaligen Sitz der Oberpostdirektion (OPD; später Deutsche Post AG; Gerhard Weber und Partner / Georg Küttinger, 1969–77), deren Bezirk sich in den 1970er Jahren über das Gebiet zwischen Cuxhaven und Lüneburg bis nach Lübeck erstreckte und für die Versorgung von drei Millionen Bürgern verantwortlich war. Bis zum Einzug in die „Post-Pyramide“ (Abb. 27+28), wie das Bauwerk im Volksmund genannt wird, hatte die OPD ihren Hauptsitz in dem 1897 fertiggestellten Gebäudekomplex am Stephansplatz in der Innenstadt (vgl. Hamburgbuch in dieser Reihe, Rundgang 3). Der Neubau in der City Nord war notwendig geworden, da mit dem Wachstum der Bevölkerung und dem technischen Fortschritt in der Zeit nach dem Zweiten Weltkrieg auch die Zahl der Mitarbeiter und der Flächenbedarf stark gewachsen waren. So konnte die OPD nach dem Umzug kostspielige 19 000 Quadratmeter in zwölf hinzugemieteten Objekten aufgeben.

Nach dem Abriss des BP-Gebäudes ist die Post-Pyramide mit ihrem betont individuellen Erscheinungsbild ohne Zweifel das markanteste Gebäude in der City Nord. Zur Zeit steht sie leer und ist bedauerlicherweise akut vom Abriss bedroht. Dabei ist die OPD ein bedeutendes baugeschichtliches Zeugnis, das einzigartig und eines der wenigen Bauwerke des sogenannten Brutalismus in Hamburg ist. Darüber hinaus macht sie zusammen mit anderen Gebäuden die Historie der OPD – quasi wie ein gebautes Geschichtsbuch – im Hamburger Stadtbild erlebbar. So beginnt die Geschichte mit der „Alten Post“ in der Nähe des Hamburger Rathauses, wird mit dem ehemaligen Sitz am Stephansplatz fortgeschrieben und endet mit dem beindruckenden Kapitel des Wirtschaftswunders, zu dem nicht nur die Post-Pyramide in der City Nord gehört, sondern auch der Heinrich-Hertz-Turm am Messegelände. Nicht zuletzt erinnert uns

27+28 „POST-PYRAMIDE" (2015)

das Bauwerk mit seinen Schutzräumen für bis zu 1300 Personen in den Untergeschossen auch an die Zeit des Kalten Krieges. Abgesehen vom Zeugniswert gibt es aber noch andere gute Argumente, die für einen Erhalt sprechen. Das Gebäude ist gerade einmal vierzig Jahre alt und kann leicht umgenutzt werden. So ließe sich nicht nur eine beträchtliche Ressource – die sogenannte „Graue Energie" des Bauwerks – weiter nutzen und auf diese Weise die Umwelt schonen, sondern es könnte auch günstiger Wohnraum entstehen, weil durch die Bestandsnutzung viele Kosten einzusparen wären. Aber leider ist der Abriss für die Investoren das lukrativere Geschäft.

Wie die auf der Betonstele angebrachte Muschelplastik zu unserer Rechten verrät, handelt es sich bei dem großen dunklen Bauwerk auf unserer Seite um die ehemalige Hauptverwaltung der Deutschen Shell AG (heute Bürogebäude Überseering 35; Meinhard von Gerkan und Volkwin Marg, 1970–74). Der Gewinnerentwurf des Architekturwettbewerbs sah einst – wie in der Ausschreibung des Bauherrn gefordert – ein reines Großraumbürogebäude vor. Doch kurze Zeit nach der Preisgerichtssitzung entschied sich der Ölmulti um und verwarf die Pläne vollständig. „Wir waren damals wirklich enttäuscht", erinnert sich Volkwin Marg (*1936) heute. „Wir hatten einen Wettbewerb gewonnen, durften aber unseren Entwurf nicht verwirklichen." So begann die Arbeit von vorn. Das neue

Raumprogramm, das 85 Prozent Einzel- und 15 Prozent Großraumbüros für insgesamt 2000 Mitarbeiter vorsah, wurde in vier zu einem Kreuz angeordneten und aufgeständerten Scheibenhochhäusern auf einem ein- bis zweigeschossigen Betriebsgebäude sowie in einem Flachbau untergebracht. Im Nachhinein ist Marg froh, dass der Siegerentwurf nicht gebaut wurde, denn seine Zukunft wäre heute ungewiss. Wie viele andere große Unternehmen sorgte auch die Shell für das Wohl ihrer Mitarbeiter. Neben Betriebsrestaurant, Cafeteria und Kiosk ist die Bowlingbahn, die komplett im Stil der 1970er Jahre erhalten geblieben ist, das Highlight des mittlerweile denkmalgeschützten Hauses.

Um zur nächsten Station zu gelangen, gehen wir auf der Fußgängerebene weiter in Richtung Norden und machen auf der Brücke halt, die über den Überseering führt.

9 BRÜCKE OHNE NAMEN

Warum die Brücke, auf der wir nun stehen, keinen Namen bekommen hat, ist eine Frage, über die sich nur spekulieren lässt. Dass die überseeischen Hafenstädte ausgegangen wären, kann nicht der Grund sein. Vermutlich wurde die Planung der Fußgängerebene samt ihren verbindenden Elementen schlicht vernachlässigt. So wie wir auf der ersten Brücke unserer Tour die Weiterentwicklung der City Nord und der allgemeinen Stadtplanung jener Zeit ablesen konnten (vgl. Station 4), haben wir es hier – an der Grenze vom zweiten zum dritten Bauabschnitt – mit den deutlich sichtbaren Spuren einer „Zurückentwicklung“ zu tun. Das erhöhte Niveau für den Fußgängerverkehr wurde nicht mehr konsequent eingehalten und schließlich vollständig aufgegeben.

Doch für die „Oldtimermeile City Nord Hamburg“ (Abb. 29), die hier auf dem nördlichen Teil des Überseerings seit 2014 jährlich stattfindet und die der Veranstalter „Media Direct“ (zugleich Ausrichter des Stadtpark-Revivals) zur größten Oldtimerveranstaltung in Norddeutschland machen will, wäre sie ohnehin nicht gut zu gebrauchen. Schließlich möchte man

29 OLDTIMERMEILE CITY NORD

die historischen Automobile und Krafträder doch lieber aus der Nähe und vor allem in Aktion betrachten.

Bei dem silbernen Gebäude in nördlicher Richtung handelt es sich um die ehemalige Unternehmenszentrale der Internationalen Büromaschinen Deutschland GmbH (IBM; heute OLYMP; Hans Dissing und Otto Weitling, 1972–77), die aufgrund starker Expansion in einem Jahrzehnt gleich zweimal umziehen musste. Der 1967 bezogene Neubau an der Ost-West-Straße (heute Willy-Brandt-Straße) war bereits wenige Jahre nach Einzug viel zu klein geworden, sodass sich IBM dafür entschied, in der City Nord einen neuen Unternehmenssitz errichten zu lassen. In der Wettbewerbsausschreibung wurde eine Architektur gewünscht, die der Selbstdarstellung des Unternehmens und seiner Produkte dient. Es sollte also eine weitere Visitenkarte in der City Nord gebaut werden. Die Unternehmensphilosophie und die Produkte von IBM wurden von den Architekten in ein futuristisch anmutendes Bauwerk übersetzt, das hinsichtlich seiner Proportionen und des Designs den Schreibmaschinen von IBM aus dieser Zeit sehr ähnlich sieht (vgl. Abb. 32). Durch die filigranen und zurückgesetzten Stützen scheint das Bauwerk zu schweben. Nachdem IBM 2003 aus Platzmangel auszog, erwarb OLYMP (ein Tochterunternehmen von Tchibo) das Haus und richtete es für seine Zwecke her. Der Haupteingang wurde aufgegeben, das Gebäude wird nun von der letzten Brücke erschlossen, die von der Stadt in der City Nord errichtet wurde und einst die beiden Fußgängerebenen zwischen IBM und Tchibo verband. Im Zuge des Umbaus des heute denkmalgeschützten IBM-Hauses wurde ihr ein Dach verpasst, um die beiden Gebäude geschlossen zu verbinden. Sollte diese Brücke einen Namen gehabt haben, könnte man ihn auf die

Brücke ohne Namen übertragen.

Wir gehen nun zur Keimzelle des Tchibo-Imperiums und erfahren dort auch etwas über die Geschichte des Unternehmens. Hierfür biegen wir hinter der Brücke rechts ab, gehen hinunter zum Überseering, folgen seinem Verlauf in Richtung Nordosten und machen kurz hinter dem Haupteingang der Tchibo-Zentrale halt.

30 TCHIBO-HAUS (1977)

10 TCHIBO-ZENTRALE

Nach dem Zweiten Weltkrieg hatten der Hamburger Kaufmann Max Herz (1905–1965) und sein Geschäftspartner Carl Tchiling Hiryan (1910–1987) die geniale Geschäftsidee, gerösteten Kaffee per Post zu versenden. Der Name ihres Unternehmens setzt sich aus Teilen des Namens Tchiling und des Wortes Bohne zusammen. Offiziell trägt das Unternehmen den Namen allerdings erst seit 1962. Zuvor stand Tchibo für einen kleinen Kobold mit dunkler Hautfarbe in einem roten T-förmigen Gewand und mit Fes auf dem Kopf, der auf Handzetteln, dem Kundenmagazin und auf Kaffeeverpackungen für den nötigen Wiedererkennungswert sorgte. Anfang der 1960er Jahre führte das Unternehmen die Werbefigur „Mr. Pithey" ein, die fortan als dicker Kaffee-Experte scheinbar rastlos zwischen den Kaffee-Erzeugerländern und den Tchibo-Filialen pendelte und stets darauf bedacht war, den deutschen Hausfrauen die besten Bohnen zu liefern. Gleich mit der ersten Anzeige schrieb Tchibo Werbegeschichte. Auf einer großen Fotografie stand Mr. Pithey im nachtblauen Einreiher und mit Homburg (einem hohen Filzhut) neben einem hochrangigen Angehörigen eines afrikanischen Stamms inmitten von tropischem Grün. Darunter war in großen Lettern zu lesen: „Wer ist der Dicke neben dem Massai?“, was den Afrikaner zugunsten des Europäers aufwertete und mit dem Bruch der bisherigen Werbetradition spielte, die dunkelhäutige Menschen stets als Unterlegene darstellte. Andere Anzeigen erzählten von Mr. Pitheys Ernennung zum „Ehrenhäuptling auf Lebenszeit“ – weil er Häuptling Matayo die ganze Ernte des Stamms abgekauft habe – und dem „Großen Kaffeejäger“ mit dem „Wagemut der Massai“, der „List eines Elefanten“ und der „stoischen Ruhe des Kilimandscharo“. Wie überzeugend der Schauspieler diese Geschichten verkörperte, beweist die Tatsache, dass immer wieder Briefe beim Tchibo-Konzern eingingen, in denen sich die Verfasser nach dem Befinden des Mannes erkundigten und angesichts des tropischen Klimas ein Buschhemd statt des Anzugs empfahlen. Diese Vorspiegelung seines Expertentums und wohl auch der Erfolg, den das Unternehmen mit der Reklame hatte, rief schließlich Kritiker auf den Plan, denen sich der „Spiegel“ 1964 mit einem Artikel unter dem Titel „Tchibung“ anschloss. Dafür interviewte ein Journalist den Schauspieler der Kampagne mit dem Ziel, diesen mit einem Stegreif-Quiz zu demaskieren. Der vermeintliche Experte beantwortete die Fragen mit Stil (aber alle falsch) und gab am Ende des Interviews auch noch zu, sein Arzt habe ihm das Kaffeetrinken verboten. Die Kampagne lief indes weiter (sogar gut), und selbst die in den 1970er Jahre aufkeimende Kritik am Kolonialherren-Image der Werbefigur änderte nichts daran. Bis zu seinem Tod blieb der Schauspieler jener Tchibo-Kaffee-Experte, den siebzig Prozent der Deutschen kannten. 1985 führte das Unternehmen dann das – wohl unverfänglichere – Logo der dampfenden Kaffeebohne ein, welche in Kombination mit dem Namen in goldener Farbe auf dunkelblauem Grund die Unternehmenszentrale von Tchibo (Martin H. Burckhardt & Partner, 1974–77) in der City Nord schmückt.

Die Erfolgsgeschichte des Unternehmens hat sich hier im Bürostadtbild manifestiert. Begonnen hatte sie mit der kleinen Hauptverwaltung am Überseering, die von den Mitarbeitern liebevoll „freche rote Keksdose“ (Abb. 30) genannt wurde. Gearbeitet wurde hier vornehmlich in Großraumbüros und der hauseigenen Schulungsstätte. Die Freizeitanlage mit Schwimmbecken, Sauna und Solarium, Turn- und Squashhalle, Kegel- und Bowlingbahn, Clubraum mit TV, Tischtennis und -fußball sowie Billardtischen kann ohne Zweifel als großzügig bezeichnet werden. Vielleicht liegt darin eines der Geheimnisse des starken Unternehmenswachstums. Denn bereits vier Jahre nachdem Tchibo die Hauptverwaltung mit 300 Mitarbeitern bezogen hatte, hatte das Unternehmen um fünfzig Prozent zugelegt, sodass nebenan – nordöstlich des Hauptsitzes – ein Erweiterungsbau (Edi Bürgin & Timothy O. Nissen, 1986–88) errichtet wurde. Auch das reichte aber nicht lange aus, und 1997 entschied Tchibo, den Hauptsitz um zwei Etagen aufzustocken. Sieben Jahre später kaufte die Unternehmenstochter OLYMP das IBM-Gebäude und gesellte sich hinzu. So gab es für die Kunden „Jede Woche eine neue Welt“ und für das Unternehmen jedes Jahrzehnt ein neues bzw. erneuertes Gebäude.

Um zur letzten Station unserer Tour zu gelangen, folgen wir dem Verlauf des Überseerings noch ein kleines Stück in Richtung Osten, biegen hinter der nächsten Fußgängerbrücke links in den Manilaweg ab und gehen diesen bis zu seinem Ende an der U-Bahn-Haltestelle Sengelmannstraße entlang.

11 HALIFAXWEG / ECKE MANILAWEG

Das moderne Verwaltungsgebäude der Hamburgischen Electricitäts-Werke (HEW, heute Vattenfall; Arne Jacobsen und Otto Weitling, 1963–69), dessen südliche Stirnseite wir bereits von der vierten Station aus bestaunen konnten, wurde für 1750 bis 2000 Mitarbeiter gebaut und sollte in einem zweiten Bauabschnitt noch eine kleine Schwester für 900 Mitarbeiter in derselben architektonischen Gestalt (mit ebenfalls vier gegeneinander verschobenen Scheiben) nördlich des Besucherparkplatzes bekommen. Da es aber dafür keinen Bedarf gab, wurde es nie gebaut und die freie Fläche lediglich mit parallel zum Haus verlaufenden Taxushecken gestaltet, sodass uns auch heute noch der Blick auf ein anderes Nebengebäude nördlich des Haupthauses gewährt wird. Hierbei handelt es sich um das Betriebsgebäude für die Lastverteilung. Im Inneren dieses Bauwerks befindet sich der Wartenraum – das Nervenzentrum eines Elektrizitätsversorgers – von wo mit Blick auf eine große Tafel das Stromnetz gesteuert und überwacht wird.

Wenden wir uns aber nun dem Haupthaus zu, das auch ohne kleine Schwester beeindruckt und als wahres Gesamtkunstwerk bezeichnet werden kann (Abb. 31+32). Dafür sorgen vor allem die inneren Werte, mit denen das Gebäude wahrlich glänzt. Schließlich stammt nicht nur das Bauwerk, sondern nahezu die gesamte Inneneinrichtung – von Möbeln und Accessoires bis hin zu Armaturen und Aschenbechern – aus der Feder der Kopenhagener Design-Legende Arne Jacobsen (1902–1971). Alles hat hier seinen streng zugewiesenen Platz, und der Architekt hat zu Lebzeiten dafür gesorgt, dass kein Stilbruch ihn posthum brüskieren kann: Sämtliche Umbauten müssen mit dem Nachfolgebüro von Jacobsen abgestimmt werden. In dem Kantinengeschoss, welches sich unterhalb des Besucherparkplatzes befindet und einmal das verbindende Element zwischen den beiden Scheibenhochhäusern sein sollte, wimmelt es zwar nicht von „Ameisen“ (dem Stuhlklassiker), dafür aber von deren Nachfolgemodell „3107“ der Serie 7 – dem wohl meistverkauften Stuhl aller Zeiten. In den Büroetagen schwammen die „Schwäne“ (der Sesselklassiker) einst auf grünen Linoleumböden (heute auf blaugrauen Teppichböden), und man nahm und nimmt auf Chefsesseln Modell „Oxford“ Platz, für die Liebhaber heute schon mal Summen im fünfstelligen Bereich zahlen. Apropos Chef: Die Vorstandsetage befindet sich nicht, wie man annehmen würde, in der letzten Etage mit dem besten Ausblick, sondern im neunten Obergeschoss, weil dort die Feuerwehr noch anleitern kann.

Die HEW war damals – wie Vattenfall heute – Selbstversorger. Als städtisches Unternehmen stellte sie bei der Erschließung der Geschäftsstadt Nord selbstverständlich auch die Versorgung ihrer Nachbarn sicher und brachte die Grundstücke an das Strom- und das Fernwärmenetz. Für die-

31+32 HEW-GEBÄUDE, VON AUSSEN UND INNEN (1969)

sen Anschluss wurde vom Heizkraftwerk Tiefstack eine neue Leitung von zehn Kilometern Länge in den Hamburger Norden gelegt, um den großen Bedarf an Wärmeenergie abdecken zu können.

Der schmucke Zweckbau mit dem dunkelbraunen Backsteinsockel und den hellen profilierten Platten gegenüber dem Verwaltungssitz der HEW ist ein Fernkältewerk. Es wurde 1968 von der „Fernkälte Geschäftsstadt Nord GbR“ (heute Vattenfall Wärme Hamburg GmbH) in Betrieb genommen und versorgt seitdem fast alle vollklimatisierten Büro- und Verwaltungsbauten in der City Nord mit Kälte. Hierfür wird Wasser auf eine Temperatur von sechs Grad Celsius heruntergekühlt und in die Gebäude geleitet. Dort entzieht es den Räumen mittels der Klimaanlagen die Wärme und kehrt mit einer Temperatur von 15 Grad Celsius wider zurück ins Werk, wo der Kreislauf von Neuem beginnt. Das nahezu vollautomatisierte Fernkältewerk war das erste seiner Art in der Bundesrepublik und wurde so konzipiert, dass es nach dem Baukastenprinzip mit der Entwicklung der City Nord mitwachsen konnte.

Hier, an der nördlichen Grenze der City Nord, endet unser Spaziergang. Sollten wir bei unserer sechsten Station am New-York-Weg Lust auf eine Runde Discgolf bekommen haben, sei an dieser Stelle noch einmal auf den Startpunkt des Parcours und das Informationsschild hingewiesen.

BARS / KNEIPEN / NACHTLEBEN

BaRRock – Live-Musikkneipe in der City Nord
Überseering 5–7, www.barrock.bz
→ *Kneipe mit Bühne zum Mitspielen und Zuhören in besonderer Atmosphäre*

CAFÉS / RESTAURANTS

Bê'p Việt– Le Bistro Vietnamien
Mexikoring 37, www.bepviet.asia
→ *vietnamesisches Bistro mit leichter, hausgemachter Küche*

Bodega International
Mexikoring 17 A
www.bodega-international.de
→ *Restaurant und Catering für Tapas aus aller Welt*

PUR – Restaurant & Bar
Mexikoring 27-29
www.pur-hamburg.de
→ *Restaurant und Bar im ersten Obergeschoss der „Wäscherei"*

LÄDEN

Auktionshaus City Nord
Überseering 19
www.auktionshaus-citynord.de
→ *Kauf und Verkauf von Kunst und Antiquitäten*

Die Wäscherei – Das Möbelhaus
Mexikoring 27–29
www.die-waescherei.de
→ *großes Einrichtungshaus für Designermöbel und mehr*

Hannelore Greve – Möbel und Einrichtungen
Überseering 19-31
www.hannelore-greve.de
→ *Einrichtungshaus für englische Stilmöbel*

Tchibo
Überseering 18
www.tchibo.de
→ *Filiale in der Tchibo-Unternehmenszentrale in der City Nord*

Überblick Augenoptik
Überseering 9
www.ueberblickoptik.de
→ *Augenoptik-Fachgeschäft mit vielfältiger Fassungsauswahl und kompetenter Beratung*

Wochenmarkt Dakarweg
→ *montags von 10 bis 14.30 Uhr und mittwochs von 10 bis 16 Uhr im Dakarweg zwischen Überseering und Kapstadtring*

Zaubertrank
Mexikoring 11 A
www.zaubertrank-hamburg.de
→ *Spezialist für historische Genuss-, Lebens-, Lust- und Rauschmittel*

HOTELS

Holiday Inn Hamburg – City Nord
Kapstadtring 2 A
www.holidayinn.com
→ *modernes Hotel mit drei Preiskategorien für Geschäfts- und Freizeitreisende*

Leonardo Hotel Hamburg City Nord
Mexikoring 1
www.leonardo-hotels.de
→ *einfaches und günstiges Hotel für Geschäftsreisende und Touristen*

FREIZEIT / SPORT

CHING WOO e.K.
Überseering 23–25
www.kungfuhamburg.de
→ *Sportschule für Kampfkunst und Fitness*

Discgolf Parcours
→ *Am südlichen Ausgang der U-Bahn-Station Sengelmannstraße befindet sich die erste Bahn des Discgolf Parcours durch die City Nord, der kostenlos genutzt werden kann. Frisbee nicht vergessen!*

Ninja Sportclub e.V. Hamburg
Mexikoring 7
www.ninja-sportclub-hamburg.de
→ *gemeinnütziger Verein für Kickboxen und Karate*

Renncenter Hamburg
Überseering 5–7
www.renncenter-hamburg.de
→ *Renncenter und Fachgeschäft für Slotcar-Racing*

sportspaß – Sportcenter City Nord
Mexikoring 19–31
www.sportspass.de
→ *Fitness-Studio und Sauna, umfangreiches Kursangebot*

Tanzschule die2
Überseering 25
www.die2-hamburg.de
→ *vielseitiges Tanzangebot für Jung und Alt sowie Menschen mit Handicap*

KULTUR

Studio & Galerie ShrineArt
Überseering 23–25
www.shrineart.de
→ *Möbelskulpturen, Malerei, Skulpturen und Upcycling-Kunst*

SOZIALES / NON-PROFIT

Förderverein Kindesentwicklung e.V.
Mexikoring 35
www.kindesentwicklung.org
→ *gemeinnütziger Verein mit vielseitigem Fortbildungsangebot*

UHLENHORST 6

U-Bahnhof Mundsburg * Ernst Deutsch Theater * Hammonia-Bad * HFBK * St. Gertrud * Mundsburger Brücke * Literaturhaus * Gästehaus des Senats * Imam-Ali-Moschee * NRV/Uhlenhorster Fährhaus

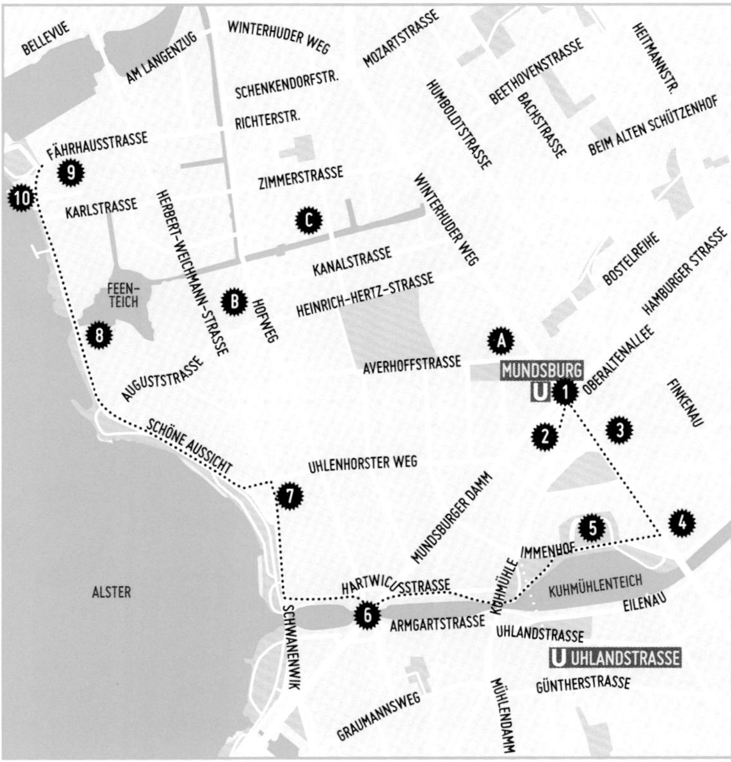

STARTPUNKT: U-Bahn-Station Mundsburg (U3)
ENDPUNKT: Hofweg, Haltestelle Zimmerstraße oder Mühlenkamp (Buslinie 6)
DAUER: etwa 2,5 Stunden

Klein, aber fein. Winterhudes Nachbar Uhlenhorst ist mit nur 2,2 Quadratkilometern Fläche und etwa 16 700 Einwohnern eine der teuersten und exklusivsten Wohngegenden Hamburgs. Trotz Restaurants, Kneipen und Kulturszene mit zwei Theatern und dem Literaturhaus hat Uhlenhorst kein ausgeprägtes Nachtleben vorzuweisen und ist auch kein Szene-Stadtteil, sondern eher ein ruhiger Bezirk mit einem „gefühlten" familiären, dörflichen Charakter und romantischen Plätzchen. Fast wie eine Insel liegt der Stadtteil im Herzen Hamburgs, umgeben von Eilbek, Osterbek und Alster. Daher wohnt man nicht „in", sondern „auf der" Uhlenhorst. Attraktiv für jene, die gleichzeitig die Nähe zur Innenstadt und zum Wasser schätzen, denn nicht nur das Alsterufer mit dem schönsten Blick auf Hamburg lädt zu Spaziergängen ein, sondern auch die Kanäle, die den Stadtteil durchziehen, verleihen Uhlenhorst ein besonderes Flair. Schöne Aussicht, Am Feenteich, Marienterrasse, Schwanenwik – das sind illustre Straßennamen, die ahnen lassen, dass in dieser Nobelgegend 200 Quadratmeter-Luxuswohnungen zu Höchstpreisen angeboten werden. Daneben beeindrucken prächtige Villen aus der späten Gründerzeit (Abb. 1), auch wenn viele dieser „weißen Elefanten" bereits der Abrissbirne zum Opfer gefallen sind, da sie für ihre Besitzer nicht mehr rentabel waren. Bereits im 19. Jahrhundert zog es die betuchte Hamburger Gesellschaft in diese „Wildnis", die man einst nur mit Ruderbooten auf dem „Seewege" erreichen konnte. In der Abgeschiedenheit baute man sich Sommerhäuser mit großen Gärten, die bis an die Alster reichten, und war unter seinesgleichen. Es gab saubere Luft, viel Natur und kein Kindergeschrei aus Mietskasernen oder Terrassenhäusern, denn die waren westlich des Hofwegs ebenso verboten wie lärmende Gewerbebetriebe. Dafür hatte August Abendroth mit den „Uh-

1 „WEISSE ELEFANTEN“ AM FEENTEICH (1960ER JAHRE)

lenhorster Bedingungen“ gesorgt, nachdem er 1846 das oft überflutete Gelände gekauft und baureif gemacht hatte. Aber es gibt auch das andere Uhlenhorst, östlich des Hofwegs, Richtung Barmbek, das vielseitig und vielschichtig ist – mit roten Backsteinbauten, nüchternen Blocks aus der Nachkriegszeit, Büros, Geschäften, Handwerksbetrieben in Hinterhöfen, moderner Architektur und zugleich mit restaurierten kleinen Stadthäusern, Vorgärten und Wohnhäusern im Jugendstil. Auf unserem Rundgang werden wir beides kennenlernen.

1 U-BAHNHOF MUNDSBURG

Bevor wir uns auf Uhlenhorsts Kulturmeile begeben, werfen wir einen Blick auf und in den U-Bahnhof Mundsburg. Nicht zu Unrecht führt die Haltestelle diesen Namen. Die „Burg“ steht auf einer Verkehrsinsel und wird umkreist von einem Gewirr aus Straßenkreuzungen, Abzweigungen und Verbindungsstraßen mit gigantischem Verkehrsaufkommen, das allein in ihrer unmittelbaren Nähe von 16 Ampelanlagen geregelt wird. Der U-Bahnhof mit Anschluss an diverse Buslinien wird täglich von etwa 21 000 Fahrgästen frequentiert. Der zweigeschossige Bau steht unter Denkmalschutz und wurde 1912 nach den Plänen der Architekten Raabe & Wöhlecke mit dem ersten Teilabschnitt der U-Bahn-Ringlinie (U3) fertiggestellt. Er zählt zur Hamburger Reformarchitektur und wurde 1985 originalgetreu restauriert. Das Rundbogenportal mit den strukturierten Sandsteinverkleidungen, den beiden Eingangsrisaliten und dem Walmdach hinterlässt einen monumentalen, repräsentativen Gesamteindruck, der den ursprünglichen sozialen Status des kriegszerstörten Wohnquartiers am Mundsburger Damm widerspiegelt (Abb. 2). Das Nebeneinander von rotem Backstein, Sandstein und rotem Pfannendach ist typisch für den Hamburger Stil. Figürliche Sandsteinplastiken an den Wandpfeilern und zwischen den ovalen Sprossenfenstern tragen das Dach mit den geschwungenen Gauben an den Walmseiten. Auch die Außenlaternen sind nach historischem Vorbild gefertigt. Durch Schwingtüren gelangt man in die Eingangshalle mit Mattglaskacheln und Kassettendecke. Die Aufgänge mit schmiedeeisernem Treppengeländer führen zur Bahnsteighalle, die von allen Seiten Licht erhält. Dunkle Mäander schlängeln sich am hellen Deckengewölbe. Keramikkacheln, Holzgeländer, Holzbänke und mahagonifarbene Wärterhäuschen aus verziertem Eichenholz versetzen den Fahrgast ins frühe 20. Jahrhundert.

2 U-BAHNHOF MUNDSBURG BEI NACHT

Wir nehmen den Ausgang rechts und befinden uns auf dem ehemaligen

Mundsburg-Gelände, das sich zwischen Mundsburger Damm, Schürbeker Straße und Immenhof erstreckte. Der Name geht auf seinen früheren Besitzer zurück, den Weinhändler Johann Hinrich Mundt, der das Gebiet 1721 kaufte und ein neues Haupthaus errichten ließ. Der Neubau, ein Gemüsehof mit angeschlossener Viehzucht, wurde „Mundts Burg" genannt. Bis zu seinem Tod 1746 erweiterte er das Areal mit Wiesen und Ackerflächen durch Pachtverträge mit dem Hospital zum Heiligen Geist. In den 1860er Jahren wurde das Gelände für die städtische Bebauung erschlossen. Heute bezeichnet man den Einzugsbereich rund um den Mundsburger Bahnhof als Gebiet an der Mundsburg. Dazu zählt auch das gegenüberliegende Areal, auf dem die dominanten Mundsburg-Türme stehen und das seit der Gebietsreform von 1938 zum Stadtteil Barmbek-Süd gehört.

2 ERNST DEUTSCH THEATER, FRIEDRICH-SCHÜTTER PLATZ 1

Nur einen Katzensprung vom Bahnhof Mundsburg entfernt, am Friedrich-Schütter-Platz im Kopfbau eines Wohnblocks, der auch Hamburgs älteste Tanzschule beherbergt, befindet sich das Ernst Deutsch Theater. Es wurde 1951 als das „Junge Theater" von den Schauspielern Friedrich Schütter (1921–1995) und Wolfgang Borchert (1922–2007) gegründet. Als Podium für Nachwuchsförderung und zeitgenössische Dramatik gastierte die Bühne zunächst im britischen Begegnungszentrum „Die Brücke" in den Großen Bleichen, bevor sie 1964 nach zwei weiteren Spielorten an die Mundsburg zog. 1973 wurde das Theater zu Ehren des Schauspielers Ernst Deutsch (1890–1969) umbenannt, der die Hamburger bei einem Gastspiel in seiner Glanzrolle als „Nathan der Weise" begeistert hatte. Als Nachfolgerin ihres 1995 verstorbenen Mannes übernahm die Schauspielerin Isabella Vértes-Schütter die Intendanz und gründete 2003 ein Forum für Jugendarbeit. Mit 744 Sitzplätzen ist das Ernst Deutsch Theater die größte privat geführte Sprechbühne Deutschlands.

Am gleichen Ort logierte seit den 1930er Jahren das Mundsburg-Theater, ein Kino, das seine Pforten trotz Kriegsschäden bereits 1945 für die

3 UFA-KINO MUNDSBURG (1935)

vergnügungsentwöhnten Hamburger wieder öffnete (Abb. 3). Obwohl die Filmbühne nach ihrer Renovierung 1957 mit 1400 Plätzen zum größten UFA-Palast der Stadt avancierte, wurde sie 1962 aufgrund der Kinokrise geschlossen. Den Streit um einen dort zunächst geplanten Supermarkt entschied der Hauseigentümer mit den Worten: „Dat weer'n Theoter und dat blievt'n Theoter."

Wir überqueren nun den Winterhuder Weg und wenden uns nach rechts zum Lerchenfeld.

→ ABSTECHERTIPP A:
EHEMALIGES WAISENHAUSGELÄNDE, AVERHOFFSTRASSE

Wer das einstige Waisenhausgelände inspizieren und wissen möchte, wie es sich entwickelt hat, der überquert den Mundsburger Damm, biegt in den Heideweg ein und erreicht den Gebäudekomplex Ecke Averhoffstraße

7–9 (Abb. 4). Das Architektenduo Winking und Froh sorgte zwischen 2009 und 2011 für die Einbindung des denkmalgeschützten ehemaligen Verwaltungsgebäudes des Hamburger Waisenhauses von 1906 in einen neuen baulichen Kontext. Zierliche Stahlbalkone und ein zweigeschossiger Dachaufbau, der das restaurierte historische Gebäude vom Neubau aus überstülpt, kennzeichnen die Nutzungsänderung als Wohnhaus in einer Symbiose von Alt und Neu. Bauliche Eingriffe aus den 1950er Jahren wie Staffelgeschoss und Fensterverkleinerungen wurden zurückgenommen, sodass ein Ensemble mit Eigentumswohnungen der gehobenen Preisklasse entstanden ist.

Das Grundstück ist Teil des ehemaligen Waisenhausareals, das sich entlang der Averhoffstraße (ehem. Schulweg) vom Winterhuder Weg bis zum Hofweg erstreckte. Bereits 1604 gab es in Hamburg auf dem Gelände der ehemaligen Scharkapelle am Hafen ein Waisenhaus; zwischen 1781 und 1785 erfolgte ein Neubau in der Admiralitätstraße. Als 1842 der Große Brand wütete und der Senat das Gebäude als Rathausersatz beanspruchte, lebten die Kinder zeitweilig im St.-Johannis-Kloster, bevor sie 1858 in das neue Waisenhaus auf der Uhlenhorst einzogen. Das große Gelände hatte August Abendroth zu einem niedrigen Preis dem Staat überlassen, Schulhaus und Garten sogar unentgeltlich. Für die angrenzenden Grundstücke galten Auflagen: Es durften keine „Tanzwirtschaft errichtet, keine Kupferschmiede angelegt“ und keine „ungesunden Gewerbe“ betrieben werden. Das Gelände war eine kleine Welt für sich, mit Wohn- und Unterrichtsräumen, dem Haus des Waisenvaters, Schule, Kirche und Pastorat, Werkstätten und Lehrgärtnerei. Später kamen Turnhalle, Festsaal, Krankenbaracken und ein

4 WOHNENSEMBLE AVERHOFFSTRASSE 7–9

5 VERWALTUNGSGEBÄUDE DES WAISENHAUSES

Badehaus dazu. 1906 bis 1908 wurde das Verwaltungsgebäude gebaut (Abb. 5) und 1918 das Kleinkinderhaus. Am Ende des Ersten Weltkriegs waren die Räume mit 3000 Waisen überbelegt, sodass auch provisorische Baracken, zwei Schulen und die Wochenendhäuser vermögender Mäzene als Unterkunft dienten. 1935, nach Auflösung des Waisenhauses, kamen die Kinder in kleinere Heime. Bevor 1943 ein Bombenangriff die Einrichtung weitgehend zerstörte, fanden die meisten Gebäude als Altenheim Verwendung. Nach Kriegsende wurden Verwaltungstrakt und Kleinkinderhaus wieder aufgebaut und als Alten- und Kindertagesheim eingerichtet.

Auf dem ehemaligen Kartoffelacker westlich des Waisenstiegs errichtete 1888 der neu gegründete „Eislauf-Verein auf der Uhlenhorst" eine Sportstätte mit Eisbahn, Radbahn und Tennisplätzen. 1892 fanden dort die ersten deutschen Meisterschaften statt, und 1928 feierte Uhlenhorst die Einweihung der größten Tennishalle in Europa. Der heutige „Klipper

6 ANLAGE DES KLIPPER THC VOR DEM ZWEITEN WELTKRIEG

THC Hamburg“ war bereits 1935 Hausherr der Anlage, die im Zweiten Weltkrieg völlig zerstört wurde (Abb. 6). Obwohl sich der Traditionsclub trotz des Bestehens einer zweiten Anlage in Wellingsbüttel für einen Wiederaufbau entschied, endete 2010 die Ära auf der Uhlenhorst mit dem Verkauf der historischen Sportstätte an die Aspria Holdings BV, die dort ein exklusives Wellness-Center errichtete.

ALLTAG IM WAISENHAUS

Ein strenges Reglement und eintönige Routine bestimmten den Tagesablauf im Uhlenhorster Waisenhaus: Aufstehen um 5.30 Uhr (im Sommer), Anstaltskleidung, Schulunterricht und Ausbildung im hauseigenen Handwerks- oder Hauswirtschaftsbetrieb, karge Mahlzeiten, dazu Wasser. Die ehemalige Bewohnerin Auguste Hansen behielt ihre Kindheit im Waisenhaus dennoch in guter Erinnerung: „Ich war 10 Jahre alt, als mein Vater 1880 starb. Meine Stiefmutter war froh, uns drei Kinder ans Waisenhaus loszuwerden. Und wir waren es auch: Meine trübe Kindheit hellte sich auf. Alles ordnete sich dort in Liebe und Güte. Sauberkeit und Fürsorge umgaben uns den ganzen Tag. [...] So lernte ich jetzt, wie hübsch es ist, beim Spielen einmal eine kleine Schale mit Zucker, Rosinen und Mandeln zu bekommen. Alles hatte natürlich seine Ordnung. [...] Auch der Magenfahrplan war wie bei der Schiffkost geregelt: montags Erbsen, dienstags Bohnen u.s.w. Wir wurden satt und es schmeckte, obwohl alles nur sehr einfach war. So gab es nur trockenes Brot. [...] Mein erstes Butterbrot habe ich gegessen, als ich mit 16 Jahren zu [...] Familie Timm in Stellung kam.“

Aus einer Festschrift von 1903 geht hervor, dass von 723 Kindern im Heim nur 91 Vollwaisen waren, die übrigen hatten Eltern, die aufgrund von Armut, Krankheit oder Inhaftierung zur Kindererziehung nicht in der Lage waren oder wegen Gewalttätigkeit nicht dazu taugten. Viele der männlichen Zöglinge zwischen 1895 und 1904 kamen in Handwerksberufen unter, mehr als die Hälfte arbeitete jedoch als Knechte. Der soziale Aufstieg als Lehrer, Drogist oder Unteroffizier gelang nur wenigen. Um 1900 wurde die strenge Hausordnung gelockert, neue pädagogische Konzepte und Reformen eingeführt, die das Leben der Kinder erträglicher machten. Jedoch blieb das Waisenhaus nicht von Skandalen verschont. 1885 verurteilte das Landgericht Hamburg den Waisenvater Wilhelm Schulz wegen Unzucht an weiblichen Zöglingen in über 200 Fällen zu zehn Jahren Zuchthaus samt Ehrverlust. Schulz neigte nicht nur zu körperlichen Züchtigungen, sondern wandelte nachts durch die Schlafsäle der Mädchen und führte „Untersuchungen" an ihnen durch. Diese Übergriffe wurden von den Wärterinnen geduldet, die Klagen der Mädchen abgewiesen. Nach einer späten Anzeige eines ehemaligen Zöglings kam es zum Prozess. Schulz war geständig. Aber erst als 1886 ein weiterer Fall von Kindesmisshandlung bekannt wurde, beugte sich die Bürgerschaft dem öffentlichen Druck und setzte einen Prüfungsausschuss ein, dessen Bericht den Weg zu einer zentralisierten Jugendfachbehörde in Hamburg ebnete.

WAISENMÄDCHEN BEIM KARTOFFELSCHÄLEN

3 HAMMONIA-BAD, LERCHENFELD 14–18

Schräg gegenüber vom U-Bahnhof erstreckt sich im Lerchenfeld Nr. 14–18

7 EINGANGSBEREICH DES HAMMONIA-BADS

der von Carl Feindt konzipierte Rotklinkerbau des Hammonia-Bads. Unter dem einstigen Namen „Neue Kur- und Badeanstalt am Lerchenfeld" wurde das denkmalgeschützte Haus – seit 2005 ein Medizinzentrum – von der Hamburg-Altonaer Kur- und Badeanstalten GmbH in Auftrag gegeben und zwischen 1926 und 1928 erbaut. Die Genossenschaft verfolgte unter der Leitidee „billige Bäder und Behandlungen nach den Grundsätzen der naturgemäßen Heilweise" fortschrittliche soziale Ideen. Neben den physiotherapeutischen Anwendungen sowie einem russisch-römischen Bad standen den Bewohnern benachbarter Arbeiterquartiere Wannen und Duschen zur Verfügung. Außerdem waren Luft- und Sonnenbäder möglich, denn hinter dem expressionistischen Zackengesims aus Muschelkalk verbarg der hohe Kopfbau eine Dachterrasse. Das Portal mit den beiden Meeresfabelwesen in den spitz zulaufenden Wellen (Richard Kuöhl) ist ebenfalls expressionistisch gestaltet. Im Eingangsbereich empfängt ein Interieur im Art-déco-Stil mit herrlichen Wand- und Deckenlampen, graziler Marmorstatue, farbigen Wandkacheln und Kassettendecken den Besucher (Abb. 7).

Im ersten Stockwerk des Gebäudes befindet sich seit 1981 das älteste englischsprachige Theater Deutschlands. „The English Theatre" wurde 1976 von Robert Rumpf und Clifford Dean gegründet. Die beiden Amerikaner, die das privat geführte Haus gemeinsam leiten, sind bei vielen Aufführungen auch als Regisseure tätig. Das Ensemble besteht aus etwa dreißig Mitarbeitern. Professionelle Schauspieler und Bühnenbildner werden für die einzelnen Produktionen aus London engagiert. Die 160 Plätze des kleinen, subventionierten Theaters sind oft ausverkauft.

4 HFBK, LERCHENFELD 2

Unsere nächste Anlaufstelle ein Stück weiter geradeaus ist die Hochschule für Bildende Künste (Abb. 8). Die HFBK ist aus der Staatlichen Kunstgewerbeschule hervorgegangen, deren Wurzeln bis ins Jahr 1767 zurückreichen. Das zwischen 1911 und 1913 errichtete hufeisenförmige Gebäude ist eines der Hauptwerke von Fritz Schumacher. Nach seiner Vorstellung sollte sich der dunkle Backsteinkomplex mit den Mansarddächern durch ein „mehr festliches Gepräge" von anderen Hamburger Schulen abheben. Über einen Zierhof (früher mit ovalem Pavillon) betritt man den rechts gelegenen Eingangsbereich mit einer rechteckigen hohen Dielenhalle und eindrucksvoller Fensterfront an der Schmalseite. Die zweigeschossige Halle hat ein offenes Treppenhaus. Licht und Schatten geben ihr einen feierlichen, sakralen Charakter. Das fünfteilige Jugendstil-Glasfenster des Malers und Grafikers Carl Otto Czeschka, für das der Dichter und Kunsthistoriker Wilhelm Niemeyer den Text verfasste, verzichtet auf Farbe. „Die Schönheit als Botschaft" verkündet der programmatische Titel. Auch Niemeyer war einer der Lehrenden, die sich mit ihren Klassen an der künstlerischen Ausstattung beteiligten. Die Anordnung von Hauptbau und Werkstattflügel ist pragmatisch ausgerichtet: Der lang gestreckte Hufeisenbau beherbergt viele Ateliers, und der abgesonderte Werkstattflügel sorgt dafür, dass still arbeitende Studenten und Dozenten nicht vom Maschinenlärm belästigt werden. Zu Studienzwecken standen früher ein Gewächshaus auf dem Dach des Flachtrakts und ein Gehege mit Geflügel

8 HFBK (UM 1915)

9 AULA DER HFBK MIT WANDFRIES

und Kleintieren im Innenhof zur Verfügung. Während der Nazizeit galten viele Studenten und Dozenten als „Kulturbolschewisten" und wurden exmatrikuliert, entlassen oder verhaftet, einige wurden ermordet. Die baulichen Schäden des Zweiten Weltkriegs wurden Anfang der 1950er Jahre wieder beseitigt. In den nächsten Jahrzehnten folgten Um- und Anbauten. So erhielt der westliche Flügel ein neues Obergeschoss mit Flachdach. Die zuvor ausgelagerten Jugendstilfenster schmücken seit 1970 wieder die Halle. 1992 bekam der Eingangshof neben der neuen Außentreppe eine Pergola aus Stahlbetonpfeilern und Stahlträgern. 2013 wurde die Aula als „einzigartiges Gesamtkunstwerk aus Malerei und Architektur" aufwendig restauriert; so auch das Wandfries „Die ewige Welle" von Willy von Beckerath, das den Aufstieg und Fall einer Kulturepoche symbolisiert (Abb. 9).

Seit ihren Anfängen im 18. Jahrhundert bis zur Gegenwart erweist sich die HFBK als Künstlerschmiede für die Kunst-, Architektur- und Filmszene. Zu den Studenten gehörten u. a. Philipp Otto Runge, Lyonel Feininger, Jonathan Meese, Daniel Richter und Fatih Akin. Renommierte Dozenten wie Friedensreich Hundertwasser, Sigmar Polke, Joseph Beuys,

Oswald Mathias Ungers, Wim Wenders und Wolfgang Tillmans begleiteten sie auf ihrem Weg.

Berühmt-berüchtigt waren auch die bereits von Friedrich Adler (1878–1942) ins Leben gerufenen legendären Künstlerfeste mit Musik, Tanz, Kabarett und spektakulären Inszenierungen (Abb. 10). Die ab 1950 unter dem Motto Li-La-Le (Lieben-Lachen-Lerchenfeld) gefeierten Kostümfeste nahmen in den 1960er Jahren derart exzessive Formen an, dass sie 1968 unter einem sicherheitstechnischen Vorwand verboten wurden.

10 KÜNSTLERFEST IN DER HFBK MIT GUSTAF GRÜNDGENS (1925)

Wir überqueren nun das Lerchenfeld und stehen bald darauf vor einer der schönsten Hamburger Kirchen des 19. Jahrhunderts.

5 ST. GERTRUD, IMMENHOF

Idyllisch gelegen, direkt am Kuhmühlenteich, erhebt sich St. Gertrud (Abb. 11). Das Gotteshaus bildet mit der Luthereiche (vgl. unten) und den beiden Pastoraten ein Ensemble. Namenspatin der evangelisch-lutherischen Pfarrkirche ist die Heilige Gertrud von Nivelles (626–659), eine Verwandte Karls des Großen.

Das Gebäude wurde zwischen 1882 und 1885 unter der Federführung des Architekten Johannes Otzen als neugotische Hallenkirche erbaut, nachdem der Große Brand 1842 ihre namensgleiche Vorgängerin in der Altstadt zerstört hatte. Die neue Kirchengemeinde Uhlenhorst/Hohenfelde entstand im Zuge des rasanten Hamburger Bevölkerungswachstums, das eine Stadterweiterung in Richtung der Vororte nötig machte.

 Das kirchliche Grundstück der Gertrudenkapelle wurde mit dem städtischen am Kuhmühlenteich getauscht. Die Hannoversche Schule der Backsteinneugotik stand Pate für die Wandpfeilerkirche auf kreuzförmigem Grundriss, bei dem das Mauerwerk außen und innen mit hellroten Ziegeln verblendet ist. Insgesamt wurden für den Bau 460 verschiedene rote, gelbe und grüne Form- und Lasursteinsorten verwendet. Zahlreiche Sandsteinarbeiten verzieren das Gemäuer. Die grüne Patina des Kupfers auf den Seitentürmen, den Fenstersimsen und dem Dachreiter steht in einem schönen Kontrast zum roten Stein. Bei näherer Betrachtung erkennt man, dass auch der 88 Meter hohe Turm mit dem Fünfmeterkreuz bis in die Spitze gemauert ist und die verschieden glasierten Ziegel ein buntes Muster ergeben. Die ursprünglichen Kirchenfenster wurden im Zweiten Weltkrieg zerstört (Abb. 12), die heutigen Chorfenster stammen aus der Nikolaikirche am Rödingsmarkt und wurden 1987 eingesetzt. Sie konnten noch rechtzeitig ausgebaut und im Kellergewölbe von St. Michaelis eingelagert werden, bevor 1943 Brandbomben St. Nikolai zerstörten. Die abstrakten, mosaikartigen Fenster sind Werke des Hamburger Künstlers Werner Bunz (1926–2009). Obwohl die Kirche den Zweiten Weltkrieg überstand, gab es wetterbedingte Folgeschäden, die eine Restaurierung erforderlich machten. Die einstige Atmosphäre im Kircheninneren ging damit verloren, da die stark beschädigte Bemalung mit ornamentalen Mustern – heute sichtbar als „historisches Fenster" in einem Gewölbezwickel – 1962 weiß verputzt wurde. Altar, Kanzel und Taufbecken – Elemente, die ebenfalls auf Otzens Entwürfe zurückgehen – blieben erhalten. 1967 ersetzte eine neue Orgel aus der Werkstatt von Alfred Führer die im Krieg zerstörte von 1885. St. Gertrud erhielt in den 1960er Jahren einen schallschluckenden Putz, um die Akustik zu verbessern. Seit 2007 präsentiert sie als „Hamburger Klangkirche" ein vielfältiges Konzertprogramm. 1150 Sitzplätze stehen den Besuchern zur Verfügung. Die Zahl der Gemeindemitglieder ist jedoch im Laufe der Zeit stark zurückgegangen. Während es 1902 etwa 105 000 Registrierte gab, waren es 2015 nur noch etwa 4000. Einer der berühmtesten Konfirmanden von St. Gertrud war

11+12 ST. GERTRUD (UM 1900) UND INNENRAUM IN DER URSPRÜNGLICHEN GESTALTUNG (1908)

der ehemalige Bundeskanzler Helmut Schmidt, der dort 1918 getauft und 1934 eingesegnet wurde.

Wir überschreiten nun auf dem Kirchvorplatz bei 53°34'08“N und 10°01'44“O den vermeintlichen geografischen Mittelpunkt Hamburgs (laut einer anderen Quelle befindet er sich vor dem Gymnasium Lerchenfeld) und stehen vor einer eher heidnisch anmutenden Kultstätte: acht gotisierende Obelisken, die sich auf einem Rasenstück um einen Baum gruppieren. Die ursprüngliche Luthereiche wurde 1883 zum 400. Geburtstag von Martin Luther gepflanzt. Die Steinpfeiler kamen 1889 als Symbol für die acht beteiligten Hamburger Kirchen hinzu. Der Grundstein unter dem St. Gertrud-Pfeiler enthält u. a. eine Luther-Medaille. Als im Nachkriegswinter 1945/46 das Heizmaterial knapp war, fällten Anwohner den stattlichen Baum. Die heute zu sehende Eiche ist eine Neupflanzung. Das ehemals gründerzeitliche Wohnviertel in der Umgebung der Kirche, das sich bis zum Mundsburger Damm erstreckte, hat den Krieg nicht überstanden. Bomben und Feuersturm schlugen breite Schneisen von Hohenfelde bis ins östliche Uhlenhorst jenseits des Winterhuder Wegs. Beim Wiederaufbau von 1955/56 entstanden dort zeitgemäße Wohnblocks.

Wir folgen nun dem Mundsburger Kanal Richtung Alster.

6 MUNDSBURGER BRÜCKE

Zur Erschließung der Uhlenhorst, die in den späten 1850er Jahren begonnen hatte, gehörte auch der Brückenbau. Ein Plan lag bereits 1855 vor, aber aufgrund von Differenzen der beiden verantwortlichen Ingenieure Christian Wilhelm Plath und William Lindley wurde das Projekt erst 1866 von der Bürgerschaft genehmigt. Das Gelände war noch weitgehend unbebaut, aber im Zuge der gestiegenen Baulandnachfrage aufgrund der Aufhebung der Torsperre kaufte die Stadt das Gebiet zwischen Alster und Kuhmühlenteich den Erben des Gastwirts Johann Hinrich Mundt ab, um Straßen anzulegen, die zweiarmige Eilbek zu kanalisieren und Brücken über den neuen Kanal zu bauen, der den Kuhmühlenteich mit der Alster verband. 1869 begann der Bau der Mundsburger Brücke. Das 58 Meter breite Stahlbetongewölbe mit Ziegelmauerwerk und Sandsteinverkleidung wurde 1871 fertiggestellt (Abb. 13). Auf der zur Alster liegenden Seite führen Stufen in einem Halbrund direkt bis ans Wasser. Die Ornamente am Brückenbogen symbolisieren Handel und Schifffahrt. Die Bebauung der Umgebung setzte um 1890 ein, und spätestens seit Beginn des 20. Jahrhunderts muss der Bau der breitesten Brücke Hamburgs als ein weitsichtiger Beitrag zur Stadtplanung betrachtet werden – heute passieren täglich über 80 000 Fahrzeuge diese Grenze zwischen Uhlenhorst und Hohenfelde. Bemerkenswert: In den Brückenpfeilern sind Kasematten eingebaut, die in Kriegszeiten als Waffenlager und Schutzräume für Soldaten dienten. Da die Räume in den 1950er bis 1970er Jahren oft zum Unterschlupf für Obdachlose wurden, ließ die Stadt sie zumauern, bis 1996 ein findiger Geschäftsmann einen Bauantrag stellte und dort 2003 ein Restaurant eröffnete.

13 MUNDSBURGER BRÜCKE (1881)

Wir gehen weiter Richtung Alster und erreichen den Schwanenwik (Abb. 14). Der Bau der Straße wurde 1853 mit der Aufschüttung von Alsterschlamm begonnen und 1856 beendet. Ihren Namen erhielt sie 1872 wegen der vielen Schwäne, die sich an der Alsterbucht (Bucht = Vik) aufhielten. Trotz Alsterblick und renovierter Altbauten hält sich die Wohnidylle am Schwanenwik in Grenzen. Er entstand als Verbindungsweg zwischen St. Georg und Uhlenhorst und ist in seiner Verlängerung zu einer Hauptverkehrsader der Nord-Süd-Achse geworden. Die Verkehrsbelastung ist hoch, der Lärm entsprechend. Um den Verkehrsfluss zu beschleunigen, wurde 1952 die Strecke Schwanenwik – Winterhuder Markt zur Einbahnstraße, die um vier Uhr morgens und um zwölf Uhr mittags mittels umschaltbarer Verkehrsschilder ihre Fahrtrichtung ändert. Das ist einmalig in Europa und produziert ab und zu Geisterfahrer.

14 SCHWANENWIK (1899)

7 LITERATURHAUS, SCHWANENWIK 38

Wir folgen dem Schwanenwik und betrachten das Haus Nr. 38: Fenster im Rundbogenstil, feingliedrige Stuckfassade mit gotischer Attitüde (Abb. 15). Wenn man vor der repräsentativen weißen Stadtvilla steht, fällt es schwer zu glauben, dass dieses romantische spätklassizistische Haus über 45 Jahre (1938–1985) ein „Durchgangsheim für gefährdete weibliche Jugendliche und Schutzhaftstelle für Aufgegriffene" war. 1867/68 konzipierte der Baumeister Jean David Jolasse die beiden denkmalgeschützten Stadthäuser Nr. 37 und 38. Sie gehören zu den ältesten Gebäuden auf der Uhlenhorst und sind beispielhaft für die gehobene Hamburger Wohnkultur des späten 19. Jahrhunderts. 1889 ging Nr. 38 in den Besitz des Kaufmanns Friedrich Adolph v. Pein über, Sozius des Bankhauses Haller, der einen Gartensaal mit Marmorpilastern, prächtigen Kronleuchtern und stuckverzierter Decke samt Elfenreigenbemalung anbauen ließ. Zwischenzeitlich wurde der Gartensaal zum Tanzsaal. Der ungarische Choreograf Rudolf v. Laban etablierte 1924 dort die „Hamburger Bewegungschöre", eine Tanzschule, deren Leitung 1934 Lola Rogge übernahm. 1938 kaufte die Stadt das Gebäude, um ein Mädchenheim einzurichten. Als der Verein „Literaturhaus e. V." 1987 in das seit zwei Jahren leerstehende Haus einzog, blieb es vor weiterem Verfall bewahrt. Er war 1986 von 13 Hamburger Buchhändlern, Autoren, Journalisten und Verlegern gegründet worden. Mithilfe der ZEIT-Stiftung, die das Gebäude erwarb und dem Verein mietfrei überließ, sowie großzügiger Spenden konnte das Literaturhaus nach der Restaurierung, bezuschusst durch die Stadt, 1989 seine Eröffnung feiern. Mittlerweile ist die historische Stadtvilla ein literarischer Fixpunkt, wo nicht nur berühmte Schriftsteller und Dichter, sondern auch junge Nachwuchsautoren mit etwa 150 Veranstaltungen im Jahr für ein anspruchsvolles Programm sorgen (Abb. 16).

Wir spazieren nun die uferbegleitende Grünanlage an der „Schönen Aussicht" entlang. Auf der einen Seite befinden sich herrschaftliche Villen mit großen Gärten, auf der anderen die Alster, die zu jeder Tages- und

15+16 FASSSADE DES LITERATURHAUS UND LESUNG IM LITERATURHAUS

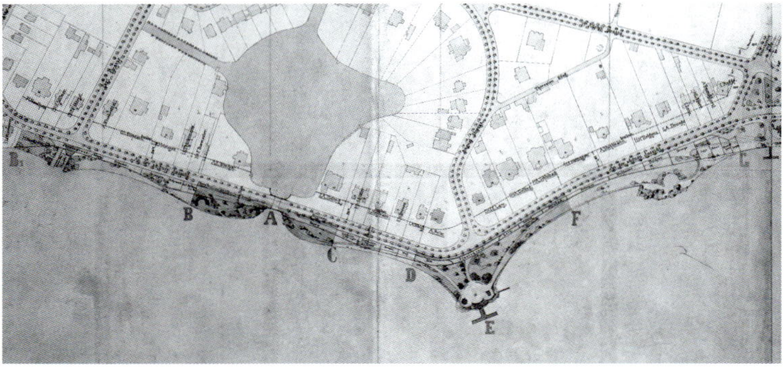

17 SIEDLUNGSPLAN (1884)

Jahreszeit ihre Reize ausspielt. Von hier bietet sich ein einmaliger Blick auf die Stadt und ihre Türme, auf Alsterdampfer, Segelboote und Ruderer. Die erste Wohnstraße auf der Uhlenhorst wurde 1845 als Verbindung zwischen Uhlenhorst und der Stadt angelegt. Der erste Siedler war Gustav Droege mit Familie, der 1846 das Grundstück Nr. 14 von August Abendroth (Abb. 19) gekauft hatte. 1870 standen in dieser Idylle bereits rund vierzig Landhäuser (Abb. 17+18).

→ ABSTECHERTIPP B:
HOFWEG-PALAIS, HOFWEG 49—53

Wer sich ein großbürgerliches Wohnhaus im Jugendstil genauer anschauen möchte, der biegt nun in die Auguststraße ein, folgt der Heinrich-Hertz-Straße und wendet sich nach links in den Hofweg. Das Gebiet westlich des Hofwegs ist bis zur Alster durch eine fast durchgehende Villenbebauung gekennzeichnet. Die Grundstücke sind größer, die Besitzer haben im Laufe der Zeit seltener gewechselt, und nach Aufhebung der Torsperre (1860) waren bis 1865 bereits alle Parzellen verkauft. Für die Grundstücke in dem homogenen Areal galten die von August Abendroth auferlegten Klauseln der „Uhlenhorster Bedingungen“, wonach nur Landhäuser und

18 BEI DER SCHÖNEN AUSSICHT (UM 1890)

keine Wohnhöfe, Industrie- und Gewerbebetriebe vorgesehen waren. Die finanzkräftige Oberschicht wollte unter sich bleiben und nicht durch Geruch oder Lärm belästigt werden. Abendroth trug damit entscheidend dazu bei, der Bauentwicklung des Stadtteils eine eindeutige Richtung zu geben, und stellte im Hinblick auf Sozialstruktur und Gebäudetypus die Weichen für ein Ost-Westgefälle auf der Uhlenhorst. Diese „Villenklausel" wurde in späteren Bebauungsphasen allerdings nicht mehr konsequent angewendet, da man sie nicht in aktuelles Baurecht überführt hatte. Der Hofweg selbst, der einst als Feldweg die beiden Immenhöfe verband, ergibt heute durch eine unregelmäßige Bebauung mit gepflegten alten Großraumwohnungen, restaurierten Villen, schnell hochgezogenen Nachkriegsbauten und architektonischen Neubausünden ein uneinheitliches Bild.

19 AUGUST ABENDROTH (1796–1867)

Hinter einer kleinen, halbrunden Brunnennische erhebt sich das imposante Hofweg-Palais (Nr. 49–53). Das Gebäude wurde 1912/13 von dem Architekten und Bauherrn August Patz errichtet und kann als Beispiel eines „hochherrschaftlichen Etagenhauses" in Alsternähe dienen. Das Jugendstilhaus weist Elemente der Reformarchitektur auf. Die Fassade ist symmetrisch und straff gegliedert. Der mittlere Teil spiegelt die Seitenflügel. Charakteristisch sind auch die Baywindows und Dreiecksgiebel. Schmuckelemente wie Pilaster, Säulen und Bauplastiken wurden reichlich verwendet. Die großen Sprossenfenster ziehen ein Netz über das ganze Haus. Die Wagenauffahrt gibt dem Gebäude ein „palaisartiges Ansehen“ und sollte mit dem damals hohen Komfort wie Aufzug und telefonischer Sprechverbindung finanzkräftige Mieter ansprechen. Prominente Mieter des Hofweg-Palais waren z. B. der Maler Carl Otto Czeschka, Lehrer von Oskar Kokoschka, sowie die Schauspieler Monica Bleibtreu mit Sohn Moritz, Hans-Peter Korff und Dietrich Mattausch.

CHOLERA AUF DER UHLENHORST

Im August 1892 brach in Hamburg die Cholera aus. Am stärksten waren die dicht besiedelten, sozial schwachen Gängeviertel der Neustadt mit ihren unzureichenden hygienischen Verhältnissen betroffen, aber auch die Uhlenhorst blieb nicht verschont. Es folgte eine Welle der Hilfsbereitschaft: Ein „Nothstand-Comité“ in der Arndtstraße 1 A versorgte Bedürftige nach Prüfung der Lebens- und Einkommensverhältnisse mit Kleidung, Lebensmittelbons, gekochtem Wasser, Kohle und Desinfektionsmitteln. Kinder kranker Eltern fanden in der Volksschule am Schulweg (Averhoffstraße) Asyl. Der Uhlenhorster Bürgerverein richtete im Haus des Zimmerermeisters Bödecker ein provisorisches Kinderheim ein, bevor das Waisenhaus oder Familien die Zöglinge übernahmen. Auf dem Gelände des Waisenhauses stand eine Feldküche bereit, die durch eine Spendensammlung finanziert und von freiwilligen Helfern betrieben wurde. Ein heute noch sichtbares Relikt aus dem Cholera-Jahr befindet sich vor dem

CHOLERA-BRUNNEN VOR DEM HOFWEG-PALAIS

Haus Hofweg 51. Der Besitzer der früheren Villa, D. G. Croissant-Uhde, ließ dort zur allgemeinen Nutzung einen Brunnen bohren: „Es war ein wunderbares Wasser! Kristallklar, etwas eisenhaltig, angenehm kühl. An einer Kette hing ein Zinnbecher, und das muntere Plätschern lud geradezu ein: Nimm doch einen Schluck." Das hygienisch einwandfreie Wasser, angeblich direkt aus dem Harz, war bis 1939, als die Quelle versiegte, sehr beliebt. Laut Bericht des Geologischen Landesamtes war es u. a. dem Brunnen zuzuschreiben, dass die Zahl der Erkrankten auf der Uhlenhorst relativ gering ausfiel. Die Seuche forderte in Hamburg 8605 Todesopfer, davon verzeichnete der Bezirk 305 Fälle, überwiegend im dicht besiedelten Kanalviertel im östlichen Teil.

→ ABSTECHERTIPP C:
KANALVIERTEL

Wer sich für die andere Seite von Uhlenhorst interessiert, abseits von Villen und Großwohnhäusern, der sollte auch noch einen Abstecher ins Kanalrevier unternehmen. Dazu überqueren wir den Hofweg, gehen geradeaus in die Kanalstraße und biegen nach links in die Arndtstraße ein. In diesem Bereich sind die Grundstücke kleiner, und die Bebauung ist dichter und wesentlich heterogener als im westlichen Villenviertel. Hier wechseln sich Wohnhäuser ab mit Gewerbehöfen, Handwerksbetrieben, Kontoren, Firmenbüros, kleinen Geschäften und Restaurants – ein Kessel Buntes mit sanierten Häusern aus der Gründerzeit samt Hinterhofbebauung, Nachkriegsarchitektur mit Begrünungsstreifen, kleinen Stadthäusern mit Vorgärten, nüchternen Zeilenbauten, Lofts, Stadthäusern und exklusiven Neubau-Eigentumswohnungen inklusive Bootsanleger.

Bereits Anfang des 20. Jahrhunderts hatte sich Uhlenhorst besonders im Osten von einem ländlichen Gebiet zu einer Steinwüste mit dicht besiedelten Mietshäusern und Industrieansammlungen verwandelt. Die Bevölkerung war von ehemals 82 Einwohnern (1843) auf 41 000 (1915) angewachsen. Impulse für die verstärkte Siedlungsbereitschaft gaben zum einen die Aufhebung der Torsperre von 1860 und das Gesetz zur Freizügigkeit von 1867. Zum anderen waren Zollanschluss und Hafenerweiterung, in deren Zuge 24 000 Hamburger ihre Wohnungen verloren, verantwortlich für den Anstieg zwischen 1885 und 1895. In Uhlenhorst sowie in anderen Vororten setzte ein Bauboom ein. Es wurden verstärkt Wohnkomplexe mit Kleinwohnungen und Kleinwohnhäusern gebaut, und ab 1910 gab es nahezu keine freien Grundstücke mehr. Weitere Mietgewinne versprachen die nach englischem Vorbild in engen Hinterhöfen errichteten primitiven Terrassenhäuser ohne Bäder, die hauptsächlich im östlichen Uhlenhorst, das sich damals bis zur Bachstraße zog, zu finden waren und von Arbeitern bzw. der unteren Mittelschicht bewohnt wurden (Abb. 21). Hier konzentrierten sich Gewerbe und Industrie. Es war laut, eng und stickig. Das Kanalrevier war ein Relikt aus der Zeit der Geländeerschließung von 1842 bis 1844, als das oft überflutete Terrain zur Entwässerung mit einem Kanalnetz durchzogen wurde. Die Bootsbauer am Uhlenhorster Kanal profitierten ebenso davon wie die Kohlen- und Baumaterialienhändler, deren Warentransport durch Alsterschuten erfolgte. Nachdem in den 1860er Jahren Gewerbetreibende und Fabrikanten die Grundstücke im Kanalrevier gekauft hatten, ballten sich dort die Arbeitsstätten: Maschinenfabrik, Metallverarbeitung, Schlosserei, Kleinbetriebe, Keksfabrik. Zudem gab es seit der Gewerbefreiheit von 1867 ein Überangebot an handwerklichen Arbeitskräften.

20 NEUES WOHNEN AM UHLENHORSTER KANAL

Allerdings standen nicht nur westlich des Hofwegs, sondern auch im Osten vereinzelt Villen und herrschaftliche Großwohnhäuser, sodass in der weiteren Entwicklung des Stadtteils von einem „fingerförmigen Übergreifen des einen oder anderen Typs“ (Axel Braun) gesprochen werden kann – mit einem inhomogenen Nebeneinander von

21 TERRASSENHÄUSER AM WINTERHUDER WEG, IM VORDERGRUND DIE BAVARIA-BRAUEREI (UM 1920)

unterschiedlichen Sozialgruppen. Als Beispiel für ein charakteristisches Nebeneinander von Alt und Neu, Wohnen und Gewerbe wollen wir uns den Hof Arndtstraße 11 A ansehen. Das schlichte Vorderhaus Nr. 11–15 aus der Gründerzeit mit Kellerwohnungen und Hofbebauung wurde um 1893 errichtet und steht unter Denkmalschutz. Der Rundblick im Hof zeigt auf der einen Seite enge Bebauung und eine niedrige Geschosshöhe mit kleinen Fenstern, hinter denen sich kleinere Wohnungen verbergen, auf der anderen Seite, gegenüber am Uhlenhorster Kanal, hochpreisige Eigentumswohnungen von 2004 mit Kanalblick (Abb. 20). In dem restaurierten Werkstattgebäude befindet sich mittlerweile ein Immobilienmakler, geradezu ein Symbol für die weiter fortschreitende Gentrifizierung in diesem Areal.

8 GÄSTEHAUS DES SENATS, SCHÖNE AUSSICHT 26

In den Blickpunkt der Öffentlichkeit gerät immer mal wieder der einfach gegliederte, spätklassizistische Putzbau des Rathaus-Architekten Martin Haller (Abb. 22). 1868 für den Bauhändler Johann Krogmann an der Schönen Aussicht 26 erbaut, war es eins der ersten winterfesten Häuser auf der Uhlenhorst. Nach Besitzerwechsel und dem Zweiten Weltkrieg verfiel die Villa und wurde zunächst zur preiswerten Unterkunft für 14 Mietparteien, bevor sie ab 1965 nach umfangreichen Sanierungsarbeiten zum Gästehaus des Hamburger Senats avancierte. Als Erste trug sich Elisabeth II. von England ins Gästebuch ein. Es folgten u. a. Prinz Charles und Lady Diana, Henry A. Kissinger, Jassir Arafat, Leonid Breschnew, Charles de Gaulle und der Dalai Lama. Für den König von Tonga, der 4,5 Zentner auf die Waage brachte, musste das Bett verstärkt werden. Die Staatsgäste schätzten die ruhige Parklage direkt am Feenteich, dem einstigen Moorloch. Hamburg empfing gerne und oft, besonders in den 1960er und 1970er Jahren. Mittlerweile ist die Villa aufgrund geringer Auslastung sowie hoher Unterhaltskosten auch für Seminare und Tagungen buchbar.

Die Feenteichbrücke, die wir nun passieren, ist eine recycelte Brücke. Als 1884 zur Verbreiterung des Zollkanals Kornhaus- und Brooksbrücke abgerissen wurden, ließ der Oberingenieur Franz Andreas Meyer Konstruktionsteile sowie Löwenfiguren und Wappen von dort zwischen Feenteich und Alster wieder einsetzen. Zuvor hatte sich an der Stelle nur ein einfacher Holzsteg befunden.

9 IMAM-ALI-MOSCHEE, SCHÖNE AUSSICHT 36

Kurz vor der Kurve in die Fährhausstraße überrascht zwischen all den weltlichen Repräsentativbauten ein Anblick wie aus Tausendundeiner Nacht (Abb. 23). Die prächtige Imam-Ali-Moschee ist die viertälteste Moschee in Deutschland. Sogar von der gegenüberliegenden Uferseite sind die schlan-

22+23 GÄSTEHAUS DES SENATS AM FEENTEICH (1960ER JAHRE) UND IMAM-ALI-MOSCHEE

ken Minarette und die blaue Kuppel zu erkennen. Bis zu ihrer Fertigstellung war es ein langer Weg. Bereits 1953 gründeten iranische Kaufleute in Hamburg einen Verein zum Bau einer Moschee und kauften 1957 das repräsentative Grundstück an der Schönen Aussicht 36. Bauherr und Träger war das Islamische Zentrum Hamburg, eine der ältesten islamischen Institutionen Europas. Das Architektenduo Schramm & Elingius führte in Zusammenarbeit mit dem iranischen Kollegen Zargarpoor den Entwurf aus. Die feierliche Grundsteinlegung erfolgte 1961. Jedoch verzögerten bautechnische Schwierigkeiten und finanzielle Engpässe immer wieder die Ausführung, sodass die schiitische Moschee erst 1969 fertiggestellt werden konnte. Islamische Tradition und Moderne vereinen sich in dem Bauwerk mit Spitzbogenportal. Klare Strukturen bestimmen das Muster der hellblauen Fassadenkacheln und der Kuppel. Die Farbe Blau dominiert auch im Inneren in Kombination mit Orange- und Brauntönen. Kachel- und Spiegelmosaike, Stuck- und Miniaturarbeiten tragen religiöse Botschaften. Die Gläubigen versammeln sich unter der Kuppel im Gebetsraum, der bis zu 1500 Personen fasst. Der runde, blaue Gebetsteppich gehört mit seinen 200 Quadratmetern zu den größten handgeknüpften Rundteppichen weltweit. An den achtzig Millionen Knoten arbeiteten 22 Künstler drei Jahre lang. Auch Nichtmuslime sind in der Moschee willkommen und können sich in öffentlichen Veranstaltungen einen Einblick in die islamische Kultur verschaffen.

10 NRV UND UHLENHORSTER FÄHRHAUS, SCHÖNE AUSSICHT 37

Direkt gegenüber der Moschee herrscht in der Saison zwischen April und Oktober an sonnigen Tagen ein reges Treiben. Boote werden aus- und eingeladen, Segel gesetzt und eingeholt. Wohl nicht von ungefähr liegt das Clubhaus des Norddeutschen Regatta-Vereins in direkter Nachbarschaft des ehemaligen Uhlenhorster Fährhauses, denn dort stand 1868 die Wiege des NRV, eines der größten und ältesten Regatta-Clubs Deutschlands. Hamburger Kaufleute und hier ansässige Briten hatten das „Gentleman Rudern und das Lustsegeln“ in der Hansestadt etabliert. Etwa 35 Regel-Regatten finden jährlich auf der Alster statt. Aus dem Traditionsclub sind einige olympische Medaillengewinner hervorgegangen.

Am Ende des Rundgangs ist Fantasie gefordert, denn nebenan auf der unscheinbaren Wiese stand einst das über Deutschlands Grenzen hinweg bekannte Ausflugslokal „Uhlenhorster Fährhaus“. Auf schwimmenden Tribünen und Dampfern konnten die Zuschauer Ruder- und Segelregatten verfolgen und an Land im schattigen Garten bei Kaffee und Kuchen das Treiben auf der Alster beobachten (Abb. 24). Der alte, privat geführte „Uhlenhorster Fährkrug“ an der Osterbekmündung – eine Hamburger Sehenswürdigkeit, die noch mehr Besucher anzog, als ab 1859 die Alsterdampfer dort anlegten – existierte bereits 1840. Geschäftstüchtige Hamburger Kaufleute gründeten 1865 die „Actiengesellschaft des Fährhauses auf der Uhlenhorst“ und kauften dem Besitzer Wilhelm Ernst Schulz Grundstück nebst Gebäude ab. Jedoch veräußerten sie ihre Anteile nur an Interessenten, die ihnen genehm waren. Eine Ablehnung erfolgte ohne Angaben von Gründen. Diese Praxis des „entre nous“ drückte eine spezielle Attitüde der Uhlenhorster Gesellschaft aus – man wollte eben unter sich bleiben. 1872/73 baute Martin Haller nach Abbruch der einfachen Gastschenke das zweite Fährhaus. Der imposante Bau mit drei Türmen wurde zum Publikumsmagneten. Konzerte, Feste, Bälle, gute Küche und Feuerwerk sorgten für ein großbürgerliches Vergnügen. Die Schlachten-

24 RUDERREGATTA AM UHLENHORSTER FÄHRHAUS (UM 1910)

musiken der Militärkapellen und das Schlachtenpanorama mit bengalischer Beleuchtung galten als besondere Attraktionen. Der erfolgreiche Gastronom Jean Schwegler, der 1900 das Etablissement mit angeschlossenem Hotel als Pächter übernahm, machte daraus eine Goldgrube, die bekannte Persönlichkeiten und gekrönte Häupter anlockte. Zur Derbywoche 1908 weilte sogar Kaiser Wilhelm II. als Gast. Kurz vor dem Ersten Weltkrieg erfolgten Umbau und Erweiterung durch die Architekten Rambatz & Jolasse. Das halbrund zur Alster konstruierte Gebäude mit charakteristischem Turm – diese „Institution mit Weltruf"– wurde 1943 von Bomben stark beschädigt. Obwohl das Haus nicht völlig zerstört war, fanden nach dem Krieg Pläne für den Wiederaufbau, den die finanzkräftigen Bewohner der Alstergrundstücke missbilligten, beim Senat keine Resonanz. Hamburg verzichtete auf den Glanz vergangener Tage und den „Ort hoher Gastlichkeit". Die Ruine wurde 1952 gesprengt, zuletzt wurden 1964 Fährhaussteg und kleine Hafenanlage abgerissen.

CAFÉS / RESTAURANTS

Alsterperle
Eduard-Rhein-Ufer 1
www.alsterperle.com
→ *ehemaliges Klohäuschen mit Open-Air-Gastronomie*

Anleger 1870
Hartwicusstraße 7
www.anleger1870.de
→ *Restaurant, Bar, Café am Kanal in historischem Gemäuer*

Emmas
Hofweg 63
www.emmas-hamburg.de
→ *Konditorei, Café für echte Naschkatzen*

Fardi
Hofweg 72
www.fardi-hamburg.de
→ *exquisite syrische Küche*

Näscherei
Papenhuder Straße 30
→ *familiäres Café mit hausgemachten Kuchen*

Rexrodt
Papenhuder Straße 35
www.restaurant-rexrodt.de
→ *marktfrische Bistroküche im Jugendstilambiente*

LÄDEN

Buchhandlung Samtleben
Schwanenwik 38
www.buchhandlung-samtleben.de
→ *erlesenes Angebot, u.a. an signierten Büchern*

Der Comic-Laden
Mundsburger Damm 48
www.der-comic-laden.de
→ *alles, was das Comic-Herz begehrt*

Die Angler
Mundsburger Damm 42
www.dieangler.de
→ *Hamburgs größter Anglershop*

Gerda Hüsch Dekorationen
Mundsburger Damm 37
www.gerda-huesch.de
→ *das ganze Jahr wunderbare Weihnachtswelt*

Kibula
Schenkendorffstraße 20
www.kibula-hamburg.de
→ *Kinderbuchparadies; Malkurse im Hinterzimmer*

Thalia Buchhandlung
Hamburger Straße 25
→ *Buchhandlung in der Hamburger Meile*

Wochenmarkt Immenhof
→ *dienstags 14 bis 18 Uhr, freitags 8.30 bis 13 Uhr – kleines, aber feines Marktangebot*

Zweite Liebe Hamburg
Hofweg 1
www.zweiteliebe-hamburg.de
→ *Second-Hand-Shop mit ausgesuchten Labels*

HOTELS

Boulevard Hotel
Hofweg 73
www.boulevardhotel.de
→ *Übernachten in einer Jugendstilvilla – für Romantiker*

Hotel York
Hofweg 19, www.hotel-york.de
→ *Zimmer und Apartments mit individueller Einrichtung*

KULTUR

Ernst-Deutsch-Theater
Friedrich-Schütter-Platz 1
www.ernst-deutsch-theater.de
→ *Theater mit breit gefächertem Spielplan*

Geschichtswerkstatt St. Gertrud
Immenhof 10, geschichtswerkstatt.st-gertrud-hamburg.de
→ *auf den Spuren der Geschichte von Uhlenhorst und Hohenfelde*

Literaturhaus
Schwanenwik 38
www.literaturhaus-hamburg.de
→ *Hamburgs literarisches Zentrum mit Café*

The English Theatre of Hamburg
Lerchenfeld 14
www.englishtheatre.de
→ *Deutschlands älteste professionelle englischsprachige Bühne*

FREIZEIT / SPORT

Aspria Uhlenhorst
Hofweg 40
www.aspria.com
→ *Wellness- und Sportangebote für die ganze Familie*

Norddeutscher Regattaverein
Schöne Aussicht 37
www.nrv.de
→ *Traditionssegelclub mit olympischem Team*

Rudergesellschaft Hansa
Schöne Aussicht 39
www.rghansa.de
→ *Leistungs- und Freizeitsportler sind hier willkommen*

Tanzschule Walter Bartel
Ulmenau 23
22087 Hamburg
www.tanzschule-bartel.de
→ *Hamburgs älteste Tanzschule*

• 75 Jahre im Herzen der Jarrestadt: eine Festschrift zum 75-jährigen Bestehen der Schule in der Meerweinstraße, hg. v. Gesamtschule Winterhude, Hamburg 2005.
• 400 Jahre Uhlenhorst, Uhlenhorster Bürgerverein, Hamburg 1958.
• Helmut Alter, Fritz Lachmund: Liebenswertes Winterhude mit Alsterdorf und Ohlsdorf, Hamburg 1978.
• Rolf von Bockel, Peter Schütt: „… und am siebten Tag schuf Hammonia den Stadtpark …" Geschichte[n] aus 100 Jahren Hamburger Stadtpark, Neumünster 2013.
• Axel Braun: Hamburg-Uhlenhorst. Entwicklung und Sozialstruktur eines citynahen Wohnquartiers, Mitteilungen der Geographischen Gesellschaft in Hamburg, Band 59, hrsg. von Prof. Dr. Albert Kolb, Hamburg 1972.
• Willi Bredel: Maschinenfabrik N. & K., Berlin/Weimar 1982.
• Maike Bruhns: Bauschmuck bei Fritz Schumacher. Ein Kaleidoskop der Künste, München, Hamburg 2013.
• Armin Clasen: 125 Jahre Winterhuder Bleichergewerbe, Hamburg 1963.
• Armin Clasen: Winterhude. Briefe und Dokumente aus der Geschichte eines hamburgischen Dorfes und Vorortes, Hamburg 1950.
• Armin Clasen: Die Sierichs in Winterhude, in: Der Winterhuder Bürger Nr. 7–9/1966, Hamburg 1966.
• Armin Clasen: Die Sierichs Villa, in: Mitteilungen des Winterhuder Bürgervereins von 1872 r.V. 1957/Nr. 12, Hamburg 1957, S. 5–6.
• Michael Eissenhauer: Die Hamburger Wohnstiftungen des 19. Jahrhunderts. „Ein Denkmal, welches theilnehmende Liebe gestiftet hat …", Hamburg 1987.
• Geschichtswerkstadt St. Gertrud: Hohenfelde und Uhlenhorst, Erfurt 2014.
• Michael Goecke: Vorgeschichte und Entstehung des Stadtparks in Hamburg–Winterhude und seine Bedeutung für das Hamburger Stadtgrün, Hannover 1980.
• Elke Groenewold/Ulrike Sparr: Zwischen Neubau und Zerstörung. Die Jarrestadt 1929 bis 1945, hg. v. Jarrestadt-Archiv, Hamburg 2003.
• Heino Grunert (Hrsg.): Betreten erwünscht. Hundert Jahre Hamburger Stadtpark, München, Hamburg 2014.
• Dirk Hainbuch, Florian Tennsted: Biographisches Lexikon zur Geschichte der deutschen Sozialpolitik 1871 bis 1945, Nr. 1, Sozialpolitiker im deutschen Kaiserreich von 1871–1918, Kassel 2011.
• Hamburg lebenswert. Die schönsten Seiten aller 104 Stadtteile, Hamburger Abendblatt 2007.

- Hamburger Stadtpark 1914–2014, hrsg. v. Bezirksamt Hamburg-Nord, Fachbereich Stadtgrün, Hamburg 2014.
- Reinhard Hentschel, Christian Hanke: Winterhude im Wandel in alten und neuen Bildern, Hamburg 1992.
- Hermann Hipp: Freie und Hansestadt Hamburg. Geschichte, Kultur und Stadtbaukunst an Elbe und Alster, Köln 1989.
- Hermann Hipp: Wohnstadt Hamburg. Mietshäuser zwischen Inflation und Weltwirtschaftskrise. Neuausgabe mit aktuellen Beiträgen von Hermann Hipp und Gert Kähler, Neuauflage Berlin 2009 [1982].
- Eckart Klapproth: Die Entwicklung der Hamburgischen Jugendfürsorge im 19. Jahrhundert, Hamburg 1957, S. 97.
- Franklin Kopitzsch, Dirk Brietzke (Hg.): Hamburgische Biografie – Personenlexikon, Band 2, Hamburg 2003.
- Franklin Kopitzsch, Daniel Tilger (Hg.): Hamburg Lexikon, Hamburg 2000.
- Elke von Kuick-Frenz: Anwalt des sozialen Grüns. Die funktionale und gestalterische Entwicklung öffentlicher Grün- und Freiflächen am Beispiel der Planungen Otto Linnes, Hamburg 2000.
- Kulturbehörde Hamburg, Denkmalschutzamt: City Nord – Architektur und Stadtbaukunst der Moderne, Hamburg 2001.
- Ralf Lange: Architektur in Hamburg. Der große Architekturführer. Über 1000 Bauten in Einzeldarstellungen, Hamburg 2008.
- Ralf Lange: Vom Kontor zum Großraumbüro. Bürohäuser und Geschäftsviertel in Hamburg 1945–1970, Königstein im Taunus 1999.
- Alfred Lichtwark: Park und Gartenstudien: Die Probleme des Hamburger Stadtparks (1908). Der Heidegarten (1904), Berlin 1909.
- Literaturwüste City Nord. Hamburg-Geschichten rund um die City Nord: hrsg. vom von Boeckel Verlag, Hamburg 2007.
- Dirk Meyhöfer, Franziska Gevert: Reclams Städteführer Architektur und Kunst, Hamburg, Stuttgart 2015.
- Rigobert Monard: 70 Jahre Hamburger Stadtpark. Sonderdruck aus: Das Gartenamt 29 (1980), S. 543–573. Hannover, Berlin 1980.
- Lars Quadejacob: Keine Zukunft ohne Vergangenheit – Vom aktuellen Wandel des Stadtparks, in: Architektur in Hamburg, Jahrbuch 2007, hrsg. von der Hamburgischen Architektenkammer, Hamburg 2007, S. 142–147.
- Parkpflegewerk für den Hamburger Stadtpark – Mittelfristige Pflege- und

Entwicklungsplanung, hrsg. von der Freien und Hansestadt Hamburg, Umweltbehörde, Fachamt für Stadtgrün und Erholung, Hamburg 1997.

• Alexander Reinfeldt: Zwischen Wiederaufbau und „Wirtschaftswunder". Die Jarrestadt in den langen 1950er Jahren, hg. v. Jarrestadt-Archiv, Hamburg 2011.

• Stephanie Rückoldt: Die Skulpturen im Hamburger Stadtpark, Hamburg 2003.

• Hein Schlüter: Die Hamburger Stadtpark-Rennen. Motorrad- und Sportwagen-Rennen 1934 bis 1952 und Stadtpark-Revivals ab 1999, Hamburg 2009.

• J. Martina Schneider (Hg.): Schiffe in der Architektur, Hamburg 1989.

• Fritz Schumacher: Ein Volkspark, dargestellt am Hamburger Stadtpark, München 1928.

• Fritz Schumacher: Das Wesen des neuzeitlichen Backsteinbaues, München 1917.

• Fritz Schumacher: Plastik im Freien. Versuche im Betrachten von Kunstwerken, Hamburg 1928.

• Matthias Schmoock: Das Uhlenhorst-Buch, Hamburg 1993.

• Matthias Schmoock: Zwischen Bild und Image. Die Entwicklung des Hamburger Stadtteils Uhlenhorst und die Darstellung in Selbst- und Fremdzeugnissen von der ersten Quelle bis zur Baugesetzgebung 1902. Veröffentlichung des Hamburger Arbeitskreises für Regionalgeschichte, Univ. Diss., Hamburg 2002.

• Heinz Schröder: Die Geschichte der Hamburgischen Jugendfürsorge 1863 bis 1924, Diss. jur.,Hamburg 1966.

• Uwe Schubert: Barmbek-Uhlenhorst im Wandel in alten und neuen Bildern, Hamburg 1990.

• Senat der Freien und Hansestadt Hamburg, Staatliche Pressestelle: Hamburgs neue Geschäftsstadt am Stadtpark, Hamburg 1962.

• Uhlenhorst in vier Jahrhunderten: Geschichten und Bilder erzählt und gesammelt von Henny Wiepking, Hamburg 1968.

• Volkspark und Architektur. Die Zukunft des Hamburger Stadtparks, hrsg. vom Fritz Schumacher Kolloquium 1996, Hamburg 1997.

• Sylvia Soggia: City Nord – Europas Modellstadt der Moderne, Hamburg 2009.

• V. Sonnenschein, G. R. Welm, J. C. Andresen: Braamkamp – Efeuweg. Gestaltungsrahmen für ein Milieugebiet in Hamburg Winterhude, Hamburg 1982.

• Ulrike Sparr: Seifen-Fabrik Karl Walter: Ein Stück Industriegeschichte an der Jarrestraße, hrsg. vom Jarrestadt-Archiv, Hamburg 2011.

- Ulrike Sparr: Stolpersteine in Hamburg-Winterhude. Biographische Spurensuche, Hamburg 2008.
- Ulrike Sparr: Winterhude von A–Z. Das Stadtteillexikon, Hamburg 2000.
- Ulmenstraße Winterhude, hrsg. von der Kulturbehörde Hamburg, Denkmalschutzamt, Hamburg 1990.
- Szene Hamburg. Geschichte. Hamburgs Grüne Anlagen. Parks und Gartenkultur vom Barock bis zum Urban Gardening, Hamburg 2014.
- Zeitungsausschnittsammlung zu Julius Gertig und Winterhude im Hamburger Staatsarchiv

CHRISTA BERGKEMPER (Rundgänge „Vom Winterhuder Marktplatz bis zum Rondeel“ und „Stadtpark“) absolvierte eine Berufsausbildung zur Gesundheits- und Krankenpflegerin und studierte Geschichte, Volkskunde und Museumsmanagement in Hamburg. Einen Ausgleich zu ihrem anspruchsvollen Pflegeberuf findet sie in der Beschäftigung mit der hamburgischen Geschichte. So schrieb sie zusammen mit Christma Boon den Hamburger Kinderstadtführer „Augen auf! Wir entdecken Hamburg“ und arbeitete als wissenschaftliche Mitarbeiterin an der Konzeption der Dauerausstellung im Medizinhistorischen Museum Hamburg. Sie lebt seit vielen Jahren in der Nähe des Winterhuder Marktplatzes.

CHRISTMA BOON (Rundgang „Uhlenhorst“) studierte Psychologie, Soziologie und Museumsmanagement in Hamburg und war viele Jahre in der Erwachsenenbildung tätig. Als Autorin veröffentlichte sie u. a. den Kinder-Stadtführer „Augen auf! Wir entdecken Hamburg“ gemeinsam mit Christa Bergkemper und Ralf Bednar. Die gebürtige Kölnerin lebt und arbeitet im Stadtteil Hoheluft.

Für Hinweise, Anregungen und Fotos zum Stadtteil Uhlenhorst danke ich Antje Flemming (Literaturhaus), Harald Gevert (Geschichtswerkstatt St. Gertrud), Siegfried Hirsch (Bürgerverein Hohenfelde/Uhlenhorst), Rainer Kalkreuther (Statistikamt Nord), Horst Kerkhoff (Klipper THC Hamburg), Liselotte Lichtenfeld (St. Gertrud Kirchengemeinde), Dr. Jens Linek (Hofwegpalais), Jens-J. Luserke (Miramar), Imke Sommer (HFBK), Elgin Erkal und Karin Kuppig (Stattreisen Hamburg), Christin Springer und nicht zuletzt Harald Goller fürs Korrekturlesen.

MARCO ALEXANDER HOSEMANN, B.A., (Rundgang „City Nord“) absolvierte eine Ausbildung zum Tischler und studierte Architektur in Hamburg und Paris. Neben dem Studium arbeitete er als studentische Hilfskraft u.a. im Denkmalschutzamt Hamburg und ist seit 2012 als freier Referent u.a. für die HafenCity Hamburg GmbH und Stattreisen Hamburg e.V. tätig. Zurzeit studiert er Urban Design (M.Sc.) an der HafenCity Universität Hamburg.

Nach einer Ausbildung zur Buchhändlerin studierte CHRISTIN SPRINGER (Rundgänge „Rund um den Mühlenkamp“ und „Von der Jarrestadt bis Kampnagel“) Geschichte, Kunstgeschichte und Neuere deutsche Literatur in Hamburg. Sie arbeitet als freie Lektorin, Autorin und Deutschlehrerin. Zehn Jahre lang lebte sie im Stadtteil Winterhude in der Nähe des Mühlenkamps. Von ihr ist in dieser Reihe auch das *Wilhelmsburg & Elbinselbuch* erschienen.

EINLEITUNG: Staatsarchiv Hamburg: Abb. 1, 2 **VOM WINTERHUDER MARKTPLATZ BIS ZUM RONDEEL**: Staatsarchiv Hamburg: Abb. 1–2, 6, 17, 19, 23, 26–27; Christa Bergkemper: Abb. 3–5, 7–9, 11–16, 18, 20–22, 25, 28; Bildarchiv Foto Marburg: Abb. 10; Armin Clasen: Die Sierichs in Winterhude, in: Der Winterhuder Bürger Nr. 7–9/1966, Hamburg 1966: Abb. 24 **RUND UM DEN MÜHLENKAMP** Architekturbüro Planwerkeins: Abb. 2, 3; Denkmalschutzamt Hamburg: Abb. 8; Jens Germerdonk: Abb. 4, 5, 15; www.hamburg-bildarchiv.de: Abb. 7; Dietrich Klatt: Abb. 10, 11; M. Schildt: Abb. 12; Manfred Schulze-Alex: Abb. 20; Christin Springer: Abb. 14, 21; Staatsarchiv Hamburg: Abb. 1, 6, 9, 16–19; ohne Nachweis: Abb. 13, S. 60 **VON DER JARRESTADT BIS KAMPNAGEL** Denkmalschutzamt Hamburg (DA): Abb. 1, 9, 11, 13–20, 24, 26, S. 80; FRANK-Gruppe: Abb. 2, 3–7; Christin Springer: Abb. 8, 10, 12, 21–23, 27; Staatsarchiv Hamburg: Abb. 25, 28, S. 79; Artikel Willi Bredel (https://de.wikipedia.org/): S. 94 **LEUTE** Christa Bergkemper: Marieke Schulz-Gerlach; Can Mayaoglu: Jörg Bauer; privat: Regina Völker; Staatsarchiv Hamburg: Dr. August Abendroth; Tim Albrecht: Corinna Bartel; ohne Nachweis: Werner Hebebrand **STADTPARK** Staatsarchiv Hamburg: Abb. 1–2, 19, 21–22; Christa Bergkemper: Abb. 6–10, 14, 20, 26; Stadtpark Verein Hamburg: Abb. 3–5, 12–13, 17, 24–25; Privatarchiv Elke von Kuick: Abb. 11; Bezirksamt Hamburg-Nord, Fachbereich Stadtgrün: Abb. 18; Fritz Schumacher: Ein Volkspark, dargestellt am Hamburger Stadtpark, München 1928, S. 67, S. 18: Abb. 15, 16; Stadtpark-Rennen media direct hh 13 Werbe- und Medienproduktionsgesellschaft mbH: S. 123; Archiv Walter: Abb. 23 **CITY NORD** Denkmalschutzamt Hamburg: Abb. 1, 2, 21, 22; Archiv Baubehörde: Abb. 3, 20; Staatsarchiv Hamburg: Abb. 4, 6, 7, 8, 9, 10, 11, 12, 13, 14, 15, 16, 17, 18, 25, 31, 32; Eden für Jeden/Susanne Wieters: Abb.5; Benjamin Brunn: Abb. 19; Marco Alexander Hosemann: Abb. 23, 24, 27, 28; ORF/ARD/Marion von der Mehden: Abb. 26; Jens Butz: Abb. 29; Tchibo Archiv: Abb. 30 **UHLENHORST** Claas Adler: Abb. 15; Denkmalschutzamt: Abb. 3; Gunter Gluecklich: Abb. 16; Hamburger Hochbahn A.G.: Abb. 2; HFBK: Abb. 9, 10; Kirchengemeinde St. Gertrud: Abb. 11, 12; Klipper THC: Abb. 6; Jens Luserke: Abb. 7; privat: Abb. 4, 20, 23, S. 200; Staatsarchiv Hamburg: Abb. 1, 5, 8, 13, 14, 17– 19, 21, 22, 24, S. 187